So geht digital.

Download-Materialien zu diesem Buch

Über grafische QR-Codes, die im Buch abgedruckt sind, können Sie 4 Erklärvideos (Tutorials) vom Autor und einige Beispiel-Seiten im Internet aufrufen.
Die QR-Codes können Sie mit Hilfe einer Scanner-App (ggf. aus dem App-Store herunterladen und installieren) per Smartphone oder Tablet einlesen.
Für den Zugang am PC sind jeweils auch Web-Links zu allen Download-Materialien angegeben.

Damit Sie die Erklär-Videos anklicken können, geben Sie bitte nach dem Scannen des QR-Codes (oder der Eingabe des Web-Links) Ihre Email-Adresse ein sowie die ISBN-Nummer: **978-3-451-38262-8**

QR-Code:

Web-Link: www.herder.de/extras/

Mehr Infos zum Autor und alle Videos auf einen Blick finden Sie hier:

QR-Code:

www.michafink.de/sogehtdigital/

Michael Fink

Auf den
Punkt
gebracht

So geht digital.

Websites, Tools und Apps, die den Kita-Alltag leichter machen

Herder

Freiburg · Basel · Wien

Inhalt

// VORWORT //

Das kannst du auch!

Digitale Medien haben unsere Welt verändert – sowohl im Alltag als auch in der Berufswelt. Mit dem Smartphone schickt heute fast jeder Nachrichten von unterwegs oder nutzt beim Autofahren das Navi, fotografiert nur noch digital statt auf Film. Viele Berufe sind durch die digitalen Medien kaum noch wieder zu erkennen, angefangen vom Kassierer über den Sachbearbeiter bis zum Kreativen.

Ein Berufsfeld scheint sich in dieser Hinsicht wenig verändert haben – nämlich das der ErzieherInnen. Grundsätzlich ist das begrüßenswert: Berufe, die auf menschlichen Beziehungen aufbauen, brauchen keine unnötige digitale Technik. Schwärmen IT-Fachleute noch so sehr von Robotern, die angeblich nur darauf warten, in der Alten- und Kinderbetreuung eingesetzt werden, wissen Pädagoginnen und Pädagogen doch: Unser Job ist sicher, denn er wird gebraucht. Kinder brauchen keine Maschinen zum Gebildet- und Betreutwerden, sondern Menschen zum Spielen, Inspirieren, Kuscheln und Toben – Menschen, die sich Zeit für sie nehmen.

Viel Zeit für Kinder haben heißt aber andersherum: Es gibt durchaus Tätigkeiten, die PädagogInnen gerne abgenommen oder vereinfacht werden dürfen – wie das Erstellen und Führen von Listen oder das Erinnern der Eltern an bevorstehende Termine. Andere Tätigkeiten machen zwar durchaus Spaß – wie vielleicht das Abziehen von Fotos oder das Herstellen von Postern – aber wären sie schneller erledigt, ergäbe sich mehr Zeit für andere Dinge: Mit Kindern und Eltern reden, spielen, einfach mal durchatmen.

Dieses Buch macht Vorschläge, welche „digitalen Werkzeuge" Erzieherinnen und Erzieher nutzen können, um sich die Arbeit im Kindergarten einfacher, schneller, aber auch kreativer zu machen. Der „Werkzeugschrank" steht quasi im Internet – es handelt sich zumeist um kostenlose oder preiswerte Web-Tools oder Apps. Das Buch zeigt, dass es kein Hexenwerk ist, sich diese Instrumente anzueignen. Dabei wendet es sich sowohl an die, die bereits einige Erfahrungen mit der Nutzung digitaler Hilfsmittel gemacht haben und ihre Kenntnisse erweitern möchten, als auch an jene, die bisher eher wenig mit dem Thema zu tun hatten und jetzt Lust haben, einzusteigen.

Viel Erfolg dabei wünscht Ihnen
Michael Fink

// So funktioniert dieses Buch //

Die vier Hauptkapitel des Buches greifen einige typische Fragestellungen aus den Bereichen Planung, Organisation und Dokumentation im pädagogischen Arbeitsalltag auf. Als LeserInnen erfahren Sie, welche digitalen Hilfsmittel sich dabei jeweils zur Arbeitserleichterung anbieten und wie man diese anwendet.

Mit den **Tipps 1-13** lernen Sie verschiedenste Möglichkeiten und Anwendungen in der digitalen Welt kennen, mit denen Sie Ihre Arbeit kreativer, einfacher, schneller oder ergiebiger machen können. Dabei handelt es sich um Praxistipps sowie um Empfehlungen für Apps und frei zugängliche Web-Anwendungen.

Mit den **4 Tools** (tool = engl.: „Werkzeug") werden besondere, quasi unumgängliche Helfer wie soziale Netzwerke oder Apps vorgestellt. Um Ihnen die Nutzung dieser Angebote anschaulich zu erklären, haben wir Tutorials hergestellt – also erklärende Youtube-Videos, die Sie mithilfe eines abgedruckten **Links** oder **QR-Codes** im Netz finden. Wenn auf Ihrem Computer oder Smartphone noch keine eine entsprechende App installiert ist, können Sie diese ganz einfach „nachrüsten": Sie geben im App-Store „QR Reader" ein, wählen eine kostenlose Version aus und installieren sie. Nun brauchen Sie nur den Code auf der Buchseite vor Ihre Gerätekamera halten und gelangen so umgehend zum Inhalt der entsprechenden Web-Adresse.

Wo es inhaltlich sinnvoll war, haben wir außerdem öffentlich sichtbare Musterseiten für Sie ins Netz gestellt, die Sie ebenfalls über einen abgedruckten Link/Code erreichen, und auf denen Sie das Prinzip der jeweiligen Webseite gut erkennen können.

Sowohl bei den 13 Tipps als auch bei den 4 Videos zu den Tools ist der Besuch bestimmter Webseiten, um die es geht, sinnvoll. Einen einfachen Weg direkt dorthin zu gelangen bieten auch hier die abgedruckten Links/QR-Codes.

Unter **Das Kapitel auf einen Blick** sind zum Schluss des jeweiligen Kapitels wichtige Gedanken noch einmal kurz zusammengefasst.

Am Ende des Buches finden Sie unter **Kleine Helfer** einige Empfehlungen für Dinge aus der Digitalwelt, die nicht unbedingt zu Ihrer Arbeit dazugehören – aber es vielleicht wert sind, ausprobiert zu werden, auch mit und vor den Kindern.

Ohne Internet- und Computerfachwörter kommt das Buch nicht aus. Im **Glossar** auf Seite 68 gibt es Erklärungen und Übersetzungen für die wichtigsten Begriffe.

Möchten Sie mehr Beispiele? Im Anhang des Buches finden Sie einige abgedruckte **Musterseiten**, um sich typische Ergebnisse Ihrer Arbeit mit den Web-Tools – zum Beispiel eine Elternumfrage und den Inhalt einer Facebook-Seite – vorstellen zu können. Weil in diesem Buch oft das Thema „Bildrechte" zur Sprache kommt, finden Sie außerdem **Kopiervorlagen** für verschiedene Einverständniserklärungen der Eltern.

Ich hab's gefunden!

// Die besten Ideen und klügsten Gedanken des Netzes finden, sammeln und mit anderen teilen //

Gute Ideen muss man mit anderen teilen. Und das war schon immer so: Ohne das Abschauen, Nachmachen und Weiterdenken von Ideen hätte sich unsere Welt nicht zum dem entwickelt, was sie heute ausmacht.

ErzieherInnen sind stets auf gute Ideen angewiesen. Schließlich müssen sie jeden Tag lustige Spiele aus dem Ärmel schütteln, packende und sinnvolle Bildungsangebote machen und wissen, wie man etwas baut, singt, gestaltet, backt, anleitet oder erklärt. Für größere Ideen und Hintergründe gibt es Fachbücher und Fachzeitschriften – für die schnelle Idee und den guten Tipp lohnt sich die Suche im Netz.

„Wenn ich im Internet nach guten Kita-Ideen suche, nervt Google mehr als es nützt. Immer lande ich nur auf diesen „Gute-Frage"-Seiten oder bei kostenpflichtigen Anbietern. Was mache ich verkehrt?"

TIPP 1: Besser surfen

Millionen Menschen nutzen Google oder andere Suchmaschinen wie Bing oder Ecosia – aber auf ganz unterschiedliche Weise. Da gibt es den Typ Fragensteller und Menschen, die kurze Suchworte eingeben. Andere kennen „geheime“ Zusatzzeichen, um die Suche automatisch zu verfeinern. In diesem Abschnitt erfahren Sie, welche Methode am praktischsten ist und die besten Suchergebnisse erzielt. Dazu sind Sie eingeladen, während des Lesens die vorgeschlagenen Suchanfragen einzugeben, um selbst zu erfahren, was sich lohnt.

`Was kann ich im Kindergarten mit den Kindern machen?`

Viele Google-Nutzer schreiben ganze Fragesätze in die Suchzeile. Unser Beispielsatz ist sehr beliebt, was man daran merkt, dass das Suchprogramm schon beim Schreiben der ersten fünf Worte selbstständig den Rest ergänzen möchte. Das heißt noch lange nicht, dass die Methode erfolgreich ist, wie die Ergebnisse zeigen: Sie finden vermutlich mehrere Gute-Frage-Seiten und allgemeine Foren. Das liegt daran, dass eine Suchmaschine nicht Antworten auf die gestellte Frage geben kann, sondern einfach Seiten sucht, auf denen möglichst viele der eingetippten 9 Wörter stehen. Weil „was“, „ich“ und „kann“ in unzähligen Texten vorkommen, spielen sie beim Suchen eine geringere Rolle. Lässt man sie weg und gibt nur „Kindergarten mit Kindern machen“ ein, erhält man deswegen fast die gleichen Ergebnisse.

`Angebote Kindergarten`

Wesentlich prazisere Ergebnisse erhalten Sie, wenn Sie statt Allerwelts-Ausdrücken wie „machen“ und „mit Kindern“ Fachwörter verwenden – wie „Angebote“ und „Kindergarten“. Genauso gut können Sie auch „Aktivitäten“ und „Kita“ eingeben – viele Wörter mit gleicher Bedeutung erkennt die Suchmaschine und ersetzt sie. Geben Sie zu viele ähnliche Wörter ein – zum Beispiel „Aktivitäten“, „Angebote“ und „Beschäftigungen“, zusätzlich „Kita“ und „Kindergarten“, kann es sein, dass deutlich weniger Treffer angezeigt werden und die Auswahl kleiner wird.

`Angebote Kindergarten Musik Saurier`

Weniger Treffer sind umso nützlicher, je konkreter Sie suchen. Sie haben schon ein klar eingegrenztes Thema im Kopf, zu dem Sie Inspirationen suchen, etwa Musikangebote innerhalb eines Saurier-Projektes? Probieren Sie also, durch Eingabe zusätzlicher Suchwörter immer genauere Treffer zu landen.

`Angebote Kindergarten a`

Sie sind auf der Suche nach vielfältigen Inspirationen und offen für verschiedenste Themen? Dann nutzen Sie die „Auto-Vervollständigen"-Funktion der Suchmaschine, indem Sie etwa „Angebote" und „Kita" eingeben und darauf warten, was das Suchfeld nun vorschlägt. Speziellere Suchvorschläge kommen, wenn Sie dahinter je einen Buchstaben des Alphabets eingeben. Bei „a" erscheinen dann z. B. Angebote zu den Themen „Apfel", „Advent" und „Arzt".

`Ideen Kita Atelier + Bildsuche`

Sie wollen nicht lesen, sondern betrachten? Zum Beispiel, um Ideen für die Gestaltung eines Raumes, für ein Kreativangebot oder ein Lied zu haben? Geben Sie die Suchworte bei der Bildersuche ein, und klicken Sie sich durch die gefundenen Abbildungen. Praktisch ist die Bildsuche auch zum Finden von Liedtexten und Noten, indem Sie „Noten" im Suchfeld eingeben, zusätzlich etwa „Musik" + „Kita". Malvorlagen oder Ähnliches finden Sie hingegen, wenn Sie bei der Bildsuche zusätzlich „pdf" eingeben, denn viele solcher Vorlagen sind in diesem Dateiformat abgespeichert.

`Ideen Kita Youtube`

Oder Sie möchten, anstatt lange Texte zu lesen, lieber einen Film betrachten? Geben Sie zu Ihren Suchworten noch „Youtube" ein – und es erscheinen automatisch lauter Filme zum Thema. Lohnenswert sind auch hier Kombinationen wie „Kita Lied Youtube Frühling" oder „Experiment Kita Youtube Eis", (oder statt Frühling und Eis jedes andere Thema).

```
basteln Krippe -Weihnachten
```

Wer Ideen für die Krippe sucht, kennt das Problem – viele andere auch: Bei Wörtern mit mehrfacher Bedeutung findet die Suchmaschine völlig falsche Seiten – zum Beispiel eben holzgeschnitzte Weihnachtskrippen. Hier bietet sich der Suchtrick an, Wörter auszuschließen, indem Sie davor ein Minus (ohne Leerzeichen!) setzen. Gibt man „Krippe" + „basteln" ein, erhält man vor allem Weihnachtskrippen. Durch den Zusatz „-Weihnachten" werden alle Suchergebnisse, in deren Text das Wort „Weihnachten" enthalten ist, ausgespart.

```
Morgenkreis site:kindergartenpaedagogik.de
```

Manche großen Websites haben vielfältige Inhalte, aber keine oder nur eine schlechte Suchfunktion. Kein Problem: Durch Eingabe von „site:" vor Ihrer Wunschwebseite sowie ihres Suchwortes erhalten Sie nur Einträge, die irgendwo auf dieser speziellen Seite sind. Das lohnt sich gerade bei Seiten von Behörden, Veranstaltern oder Verlagen. Umgekehrt ist es auch möglich, bestimmte Seiten auszuschließen, die viele Treffer bieten, aber nicht interessant für Sie sind, weil sie z. B. nur kostenpflichtige Angebote enthalten. Dafür tippen Sie entsprechend des vorherigen Tipps vor „site" ein Minus ein – und erhalten so keine Treffer jener Seite, die Sie ausschließen möchten (Beispiel: Vergleichen Sie „kreative Ideen Kita" und „kreative Ideen Kita -site:pinterest.de")

```
„So geht digital"
```

Suchen Sie ein Buch, einen Namen, eine bestimmte Liedzeile? Um einen Suchtreffer zu erhalten, in dem mehrere Wörter in der richtigen Reihenfolge vorkommen, hilft es, diese in Anführungszeichen zu setzen. Gibt man etwa die Wörter unseres Buchtitels „so", „geht" und „digital" ohne Gänsefüßchen ein, erscheinen auch Sätze, in denen die drei Wörter an anderen Stellen und in anderer Form vorkommen. Mit den Anführungszeichen ändert sich das.

TIPP 2: Suchergebnisse festhalten

Suchglück gehabt und den tollen Text, die anregende Abbildung, den guten Film entdeckt? Zum Festhalten und Weiterverbreiten von guten Funden gibt es mehrere simple Wege – suchen Sie sich den passenden heraus.

Lesezeichen anlegen:

Finden Sie eine Webseite so überzeugend, dass Sie diese später noch öfter besuchen möchten, legen Sie ein „Lesezeichen" an – dazu gibt es in der Browserzeile am Computer oft ein Sternchen, das Sie am Ende der Eingabezeile anklicken können, bei Smartphones oft auch ein aufgeschlagenes Buch. Ebenfalls gibt es rechts oben neben dem Eingabefeld (dies gilt für die meisten Browser – jeweils mit kleinen Unterschieden) eine Möglichkeit, die Lesezeichen zu verwalten, also in Ordnern zu sortieren. Es macht Sinn, sich von vornherein eine klare Struktur dazu auszudenken, um Lesezeichen beispielsweise nach Bildungsbereichen und/oder Altersgruppen zu sortieren.

Texte sammeln:

Ganze Webseiten auf dem eigenen Computer oder Tablet abzuspeichern, ist zwar theoretisch möglich, aber dabei werden ganze Ordner mit allen Formatierungen und Werbebannern angelegt – das ist eher unpraktisch. Gerade bei Texten bietet es sich an, diese zu markieren und zu kopieren und den Inhalt in ein Word-, Pages- oder OpenOffice-Dokument einzufügen.

Bilder sammeln:

Den „Augen-Typen" unter uns reicht oft ein Bild, um eigene Ideen für gute Angebote zu entwickeln. Dazu bietet es sich beim Arbeiten am Computer an, mit der Bildsuche gefundene Bilder mit der rechten Maustaste anzuklicken, wodurch unter anderem der Befehl „Bild speichern unter" oder „Grafik speichern unter" erscheint. Nun können Sie das Bild in einem Ordner Ihrer Wahl abspeichern. Am Smartphone tippt man das Bild meist an und lässt den Finger drauf, wodurch „Bild sichern" erscheint.

Gemeinsam sammeln:

Wer Texte und Bilder gemeinsam im Team sammeln möchte, sollte dafür einen Ordner in einer sogenannten Cloud einrichten, auf den alle Team-Mitglieder Zugriff haben. Dafür bietet sich die Anwendung „Dropbox" an, die im Kapitel „Das müsst

ihr sehen!" (S. 38) als Tool mit Text und Tutorial vorgestellt wird. Auch die Anwendung „Google Docs" ist für das Sammeln und Weiterbearbeiten von Texten gut geeignet.

Urheberrechte beachten:

Sie fragen sich, ob Sie die im Netz gefundenen Bilder, Texte, Noten einfach so nutzen dürfen? Es kommt darauf an, was Sie damit machen! Nutzen Sie Fachtexte und Bilder als bloße Inspiration für sich und Ihre Kolleginnen, ist das unproblematisch, denn genau dazu wurden diese Medien ja auch ins Netz gestellt.
Wenn Sie Texte innerhalb der Kita öffentlich machen wollen – z. B. als Aushang – müssen Sie die entsprechende Internetseite angeben, z. B.: „Gefunden auf: www.sogehtdigital.de", am besten mit Autorenangabe. Wo Bilder und Texte die Kitaräume verlassen – wie auf einem Werbeflyer oder der eigenen Homepage – sollten Sie immer die Genehmigung des Urhebers erfragen.
Bei Noten und Vorlagen aus dem Netz sollten Sie auf Folgendes achten: Entweder steht auf der Homepage klipp und klar, dass die Medien frei nutzbar sind – etwa beim Text eines alten Volksliedes oder einem harmlosen Ausmal-Mandala – oder Sie sollten den engen Rahmen Ihrer Arbeit nicht verlassen. Beispielsweise ist es nicht gestattet, urheberrechtlich geschützte Notenblätter beim Kita-Fest als Kopie auszuhändigen, während deren Nutzung zum Singen in der Gruppe kein Problem darstellt.

GUT ZU WISSEN: Suchinhalte verbergen

Ihr Internetbrowser hat im Normalfall eine „Erinnerungsfunktion", mit der er festhält, welche Seite Sie besucht haben und welche Wörter Sie eingegeben haben. Das ist praktisch, wenn Sie beim nächsten Öffnen des Browsers die Suche fortführen wollen – aber in vielerlei Hinsicht auch ungünstig: Nutzen Sie den Computer mit Kollegen, können diese automatisch Ihr Suchverhalten nachvollziehen, auch ohne das aktiv anzustreben, weil etwa die Auto-Vervollständigung schnell die zuletzt besuchte Website anzeigt. Bei heiklen Themen wie „Mobbing im Team", „Kündigung" oder „Stellenangebote in der Umgebung" ist es sinnvoll, den „Einstellungen"-Button des Browsers zu suchen (oft oben rechts mit einem Zahnrad gekennzeichnet) und dort unter „Datenschutz" und/oder „Sicherheit" „Chronik löschen" anzuklicken. Noch einfacher ist es, vor dem heiklen Surfen bei den Einstellungen „Privates Surfen" oder „Privates Fenster" anzuklicken – nun bleiben nach dem Schließen des Fensters keine vertraulichen Informationen zurück.

TOOL: Mit Pinterest auf Ideen-Safari

Gute Ideen liefert das soziale Netzwerk „Pinterest“ – und erfreut sich gerade bei PädagogInnen großer Beliebtheit. Wer sich einen kostenlosen Account zulegt, kann bald eine Vielfalt von guten Ideen durchsuchen, die nicht von einem Algorithmus wie bei Google ausgewählt, sondern von echten Benutzern empfohlen werden.

Wie kann ich mir das praktisch vorstellen?

Auf klassischen Pinnwänden hängt man Merkzettel oder Zeitungsartikel auf, um Ideen oder Gedanken festzuhalten, die man später einmal brauchen könnte. Nicht anders funktioniert das soziale Netzwerk „Pinterest“, nur dass statt Merkzetteln und Zeitungsausschnitten hier auf einer virtuellen, veränderbaren Pinnwand Bildausschnitte von Internetseiten „angeheftet“ werden. Die Zahl der Pinnwandnutzer und -leserInnen ist bei dieser virtuellen Variante ungleich größer als bei einer herkömmlichen, denn theoretisch können alle, die Zugang zum Netz haben, die Pins lesen oder neue Dinge anpinnen.

Wie verliert man dabei nicht die Übersicht? Ganz einfach dadurch, dass die Pinnwand nach Bereichen geordnet werden kann – nämlich nach Suchwörtern. Neben der Größe der virtuellen Pinnwand ist gerade das ihr Vorteil: Jeder angepinnte „Ausschnitt“ aus einer Webseite ist mit mehreren Suchwörtern verbunden, und deswegen kann man sich die Pinwand nach ganz persönlichen Interessen neu zusammenstellen lassen, z. B. mit allen Pins zu den Themen „Raumgestaltung“ und „Krippe“.

Wie steige ich ein?

Anmelden

Rufen Sie „pinterest.de“ auf.

Nach kurzer Zeit werden Sie gebeten, sich anzumelden, was entweder durch Vergeben eines Benutzernamens plus Kennwort möglich ist, oder durch Nutzung eines vorhandenen Facebook- oder Gmail-Accounts. Im zweiten Schritt werden Sie gefragt, welche Themen Sie interessieren – klicken Sie „Bildung“ an und fünf weitere Themen. Dann werden Sie nach Ihrem Namen und dem Alter gefragt. Zumindest bei der ersten Frage empfiehlt sich eine wahre Antwort, wenn Ihr Profil von Kollegen und Freunden gefunden werden soll.

Wünschen Sie das nicht, können Sie Ihren Account entsprechend einstellen – oder ihn auf gleichem Wege personalisieren. Dazu klicken Sie auf die drei Punkte ganz rechts oben auf der Seite an und können entweder unauffindbar für andere werden oder ein

Foto und einen Vorstellungstext hinterlassen. Ebenfalls fragt man Sie, ob Sie einen „Pin it"- oder „Merken"-Button zu Ihrem Browser hinzufügen möchten – antworten Sie hier mit „Ja".

Suchen

Wie pinnen Sie los? Indem Sie oben in der Suchzeile Themen eingeben – zum Beispiel „Kita", „Musik", „Malen" etc. Sie bekommen nun dazu entsprechende „Pins" angezeigt – eigentlich Mini-Bilder und Kurztexte zu Internetseiten, die jemand gepinnt hat. Nun können Sie sich entweder den Pin merken, indem Sie mit dem Mauszeiger (bei Smartphone und Tablet mit dem Finger) auf das Foto gehen, wodurch der rote Button „Merken" erscheint – siehe „Pinnen". Oder Sie klicken das Symbol links oben an, um den Pin mit anderen zu teilen. Sinnvoller ist aber, erst einmal zu sehen, was sich dahinter verbirgt, dazu klicken Sie das Bild selbst mit dem zur Lupe gewordenen Mauszeiger an. Das Bild vergrößert sich, und nun steht unten die „Quelle", also die Seite, wo das Bild her ist – einfach erreichbar durch Anklicken von „Besuchen".

Such-Tipps

Bei der Eingabe von Suchwörtern helfen ein paar Tricks, um gute Ergebnisse zu erhalten: Geben Sie mehrere Suchwörter in der Zeile ein, werden Ihnen weniger Ideen angezeigt, die dafür konkreter passen, weil sämtliche Suchwörter auch in deren Text enthalten sind. Weil es ein bisschen zufällig ist, unter welchem Suchwort ein Pin abgespeichert wurde, lohnt es sich, nach Synonymen für Ihren Suchbegriff zu suchen – probieren Sie also neben „Kita" auch „Kindergarten" oder „Kleinkinder", statt „Malen" auch „Atelier" oder „kreativ". Gute internationale Ideen erhalten Sie durch Eingabe von übersetzten Suchwörtern: So finden Sie nach Eingabe des englischen Ausdrucks „Toddler" viele Ideen für Aktionen mit Kleinkindern, und „Craft" bietet Ideen rund ums handwerkliche Arbeiten. Es hilft, hierzu eine Übersetzer-App oder Seite (z. B. google.de/Übersetzer) zu nutzen.

Merken

Um gute Ideen nicht nur anzuschauen, sondern auch zu sammeln, können Sie Pins, die Ihnen gefallen, durch Anklicken des „Merken"-Buttons Ihrer Sammlung hinzufügen. Dabei werden Sie eingeladen, Ordner zu erstellen, um bei den vielen Pins die Übersicht zu behalten. Legen Sie sich nach und nach solche Themenordner an.

Die Ordner mit Ihrer Pin-Sammlung können Sie entweder nur für sich behalten oder anderen – z. B. Ihrem Team oder der gesamten Nutzergemeinde – zugänglich machen. Dazu klicken Sie den Ordnernamen an, dann oben auf ein Stift-Symbol, der zu den „Einstellungen" führt – und entscheiden, ob der Ordner „privat" ist, nur für befreundete „Pinner" zugänglich oder für jedermann.

Neue Ideen einbringen

Bisher können Sie ausschließlich Pins betrachten und in Ihre Sammlung einfügen, die von anderen Usern im Netz gesammelt wurden. Um nun selbst Funde aus dem Netz in die Sammlungen von Pinterest einzuspeisen, können Sie bei ihrem Internetbrowser den sogenannten „Pinterest-Button" nutzen. Den haben Sie entweder bei der Anmeldung bei Pinterest erhalten oder Sie müssen ihn Ihrem Browser (Firefox, Google Chrome, Edge, Safari, etc.) hinzufügen. Dies tun Sie, indem Sie dort auf „Einstellungen" gehen (meist rechts oben), dann „Erweiterungen" suchen und „Pinterest Button" eingeben, finden und anklicken.

Nun erscheint immer, wenn Sie Internetseiten besuchen, beim Fahren über ein Foto der Pinterest-Button. Durch Anklicken landet das jeweilige Bild und damit ein Link zur entsprechenden Seite in Ihrer Pinn-Sammlung. Dabei werden Sie eingeladen, ein paar Stichwörter zum Pinn zu hinterlassen, aus denen quasi Suchwörter für andere werden – schreiben Sie also keine Lyrik, sondern knappe Zeilen wie „Malen im Atelier". Sie haben dann sozusagen einen neuen Zettel an einer großen, weltweiten Pinnwand angeheftet.

Worauf muss ich aufpassen?

Eine Qualitätskontrolle, ob die angezeigten Pinns zum Thema passen oder ob sie qualitativ gut und pädagogisch sinnvoll sind, gibt es bei Pinnwand-Netzwerken wie Pinterest nicht. Entscheidend, ob eine Idee angezeigt wird, ist alleine das vom „Pinner" ausgesuchte Suchwort und die Zahl der Betrachter. Also kann es immer wieder vorkommen, dass neben tollen Ideen auch nicht funktionierende Aktionen oder bei näherem Überlegen unsinnige Ideen angezeigt werden. Prüfen Sie also jede Idee genauso kritisch, als würde sie Ihnen von einer echten, unbekannten Person präsentiert werden.

Wer selber pinnt, kann theoretisch neben im Netz gefundenen Ideen natürlich auch Inhalte der Kita-Homepage pinnen. Hier gilt es wie immer, die Persönlichkeitsrechte der Kinder zu beachten. Deren Eltern haben der Verwendung von Bildern auf der Kita-Homepage zugestimmt, könnten aber mit der Weiterverwendung im sozialen Netzwerk Probleme haben – auch wenn rein rechtlich das „Weiterpinnen" nicht verboten ist.

Weiterdenk-Ideen

Planungsordner

Pinterest erlaubt es, gemeinsam mit anderen Ordner anzulegen und mit Ideen zu füllen. Das bietet sich für Teams an, am besten gezielt für konkrete Vorhaben. Richten Sie gemeinsam (nicht-öffentliche) Ordner wie „Ideen fürs Sommerfest" oder „Unser XY-Projekt" ein, in denen Sie beim Surfen passende Ideen sammeln können, um dann bei der nächsten Planungssitzung eine Gesprächsgrundlage zu haben.

Elternhilfe

„Was kann ich mit meinem Sohn tun, um ihn auf sinnvolle Weise zu fördern?“ Auch für Elterntipps eignen sich Ordner, zu denen Sie die Eltern Ihrer Gruppe einladen. Entweder Sie schlagen vor und liefern damit „pädagogisch geprüfte Tipps“ – oder alle aus der Elterngruppe „pinnen“, und beim nächsten Elternabend kann ein Austausch darüber stattfinden, bei dem Sie ansprechen, was Sie für sinnvoll und weniger sinnvoll halten.

TOOL-STECKBRIEF

Adresse: pinterest.de

Alternativen: Derzeit keine. Ähnlich aufgebaute Ideen-Sammel-Seiten bieten bislang kaum Inhalte für pädagogische Themen.

Kosten: Keine.

Tutorial: www.herder.de/extras/

Musterseite: bit.ly/pinterest-sgd

„Öfter mal wollen die Eltern fachliche Infos von mir. Es ist aber nicht so einfach, bei all den Texten im Netz herauszufinden, was davon fundiert und seriös ist …“

TIPP 3: Gute Seiten für PädagogInnen

Worüber diskutieren andere Pädagogen? Was denkt die Fachwelt zu Themen, mit denen ich gerade zu tun habe? Um fachliche Hintergründe und gute Argumentationen zu finden, lohnt sich der Besuch auf Seiten wie den folgenden. Sie haben die Gemeinsamkeit, gratis nutzbar zu sein und jeweils von einer fachlichen Redaktion verantwortet zu werden.

» kita-fachtexte.de/

Aus einer Kooperation einer Hochschule, eines Kitaträgers und einer Weiterbildungsinitiative ist die Webseite „KiTa Fachtexte“ hervorgegangen. Sie enthält jede Menge Aufsätze zu kindheitspädagogischen und entwicklungspsychologischen Themen, die Autoren aus Wissenschaft und Fachpraxis dort einstellen können. Nichts für Surfer nach schnellen Ideen, aber eine unentbehrliche Quelle für fundierte Fachinformationen. Besonders praktisch sind die zu jedem Text gehörenden Praxisaufgaben, die LeserInnen für sich oder mit anderen ausprobieren können. Die Webseite wächst, weil jederzeit neue, fundiert verfasste Texte eingestellt werden können – und sogar vergütet werden.

» kindergartenpädagogik.de/

Schon seit dem Jahr 2000 sammelt das Online-Handbuch „Kindergartenpädagogik.de“ kürzere und längere Fachtexte wie auch Rezensionen aus dem Bereich Elementarpädagogik – und rangiert mittlerweile unter den 5000 meistgeklickten deutschen Webseiten. Die über 1000 Texte stammen von unterschiedlichsten Autoren aus unserem Berufsfeld und sind durch eine übersichtliche Gliederung und eine gute Suchfunktion schnell zu finden. Eine tolle Fundgrube für inspirierende und begründende Fachtexte!

» http://www.familienhandbuch.de

Die vom Bayerischen Staatsinstitut für Frühpädagogik betriebene Seite bietet ebenfalls gut lesbare Fachtexte mit einem breiten Themenspektrum, die schnell gefunden sind. Gut erklärt wird auch, unter welchen Bedingungen Texte weiterverwendet werden können. Besonders geeignet ist die Seite, weil sie sich schon dem Namen nach an Familien richtet, um Eltern einzelne Texte zu empfehlen, wenn diese bestimmte Sorgen und Probleme ansprechen.

⇒ http://www.fruehe-bildung.online/

Professionell aufgemacht, bietet diese Seite Einblick in Aktuelles und Hintergründe rund um die Themen Kita, Familie und Grundschule. Die vom Didacta-Verband – und damit der deutschen Bildungswirtschaft – unterstützte Seite ähnelt quasi einer digitalen Fachzeitschrift, bei der es sich lohnt, die jeweils aktuellen Nachrichten und Anregungen durchzuklicken. Weniger einfach ist es, aktiv auf der Seite nach bestimmten Themen zu suchen.

⇒ www.erzieherin.de/

Fach-Infos, interessante Texte und Literaturtipps bietet auch die Seite erzieherin.de, eine Unterseite von sozialnet.de. Daneben schätzen Besucher besonders die „Anzeigenblatt“-Funktion der Seite, die in ihrem Kalender viele aktuelle Aus-, Fort- und Weiterbildungsangebote auflistet. Auch der Stellenmarkt bietet Hilfe für alle, die sich beruflich verändern wollen.

⇒ www.kitarechtler.de/

Viel zu oft geht es in Kindergarten und Krippe um die Frage, was verboten ist – und hartnäckig halten sich Gerüchte um scheinbar von höchster Stelle ausgegebene Anweisungen, die in Wirklichkeit jeder Grundlage entbehren. Worauf in Punkto Recht im Erzieherjob zu achten ist und bei welchen Fragen man eher gelassen agieren kann, erfährt man in den über 200 kurzen Erklär-Videos der „Kitarechtler“, einer Gruppe von Anwälten, die auf das Thema Kindergarten spezialisiert sind.

⇒ www.blickwechsel.org

Viele Fragen bringt auch unser Buchthema „Digitale Medien im Kindergarten“ mit sich – und sicher auch Lust, praktische Projekte auszuprobieren. Unter der wachsenden Anzahl von Seiten mit medienpädagogischem Schwerpunkt fällt die Seite vom Verein für Medien und Kulturpädagogik „Blickwechsel“ ins Auge, bietet sie doch einen guten Überblick über laufende Projekte und viele unkompliziert umsetzbare Projektideen.

Das Kapitel auf einen Blick

Gute Surf-Ergebnisse kommen nicht von allein. Es lohnt sich, beim Surfen über geeignete Suchwörter nachzudenken und ein paar Surftricks zu beherrschen.

Surfen ist der Anfang – aber erst das Ordnen macht den Meister. Weil es unzählige Ideen zu finden gibt, sollten Sie über kluges Abspeichern und Teilen nachdenken.

Leicht zu finden heißt nicht uneingeschränkt nutzbar: Prüfen Sie vor der Weiterverwendung, welche Inhalte wirklich wozu verwendet werden dürfen.

Mit Gleichgesinnten surft es sich besser. Netz-Pinnwände wie „Pinterest“ sind gerade für Pädagogen eine große Inspirationsquelle, in der auch das Teilen der eigenen Ideen Spaß macht.

Fundierte Informationen oder Text-Schrott? Auch im pädagogischen Bereich gibt es im Netz jede Menge Halbwahrheiten zu finden. Es ist sinnvoll, nur auf nachweisbar seriösen Seiten Fachtexte zu suchen.

Wir sehen uns!

// Gemeinsam Termine finden und daran erinnern //

„Mit Eltern Termine zu finden, daran zu erinnern und sicherzustellen, dass wichtige Infos bei allen ankommen, ist so zeitaufwändig. Wenn mir jemand solche Aufgaben abnehmen würde, könnte ich die Zeit viel besser für die Kinder nutzen!"

Termine zu verabreden, sich selbst und andere daran zu erinnern, ist eine Aufgabe, die wir gerne anderen übergeben – manchmal unserer Umwelt („Erinnere mich bitte auch mit daran"), inzwischen oft digitalen Geräten. Gerade für PädagogInnen ist das ausgesprochen sinnvoll, denn für unser Berufsfeld ist es besonders typisch, dass man in all dem Trubel mit den vielen Menschen Dinge vergisst und übersieht.

Es spricht Vieles für die Verwendung digitaler Kommunikation. Zum Einen werden die Nachrichten oft ernster genommen: Ein niedlicher Windelvergessen-Zettel wirkt weniger dringlich als eine kurze, knappe Erinnerungsmail. Und Sie zeigen durch die etwas förmlichere Ansprache: Das ist unsere Arbeit. Dieser Arbeitsschritt ist genauso wichtig wie das rechtzeitige Versammlungsprotokoll vor dem Meeting.

Ein zweites wichtiges Argument ist die Entlastung der Abholsituation. An der Tür ist Zeit, mit dem Kind zu sprechen, aufmerksam für dessen Bedürfnisse zu sein – und auch für die Stimmungslage der Eltern. Die Eltern sehen es wohl genauso – und möchten sich eher auf ein gutes Abschiedswort konzentrieren als auf das Zücken des Terminplaners. Termine online planen heißt, Termine dann zu planen, wenn wir dafür Zeit haben.

TOOL: Mit Doodle & Co. gute Termine finden

Wenn viele Menschen aufeinandertreffen, geht es oft um Termine – und die Zeit zum Organisieren dauert manchmal länger als der Termin selbst. Ein guter Grund, diese Arbeit von digitalen Helfern, wie z. B. der Web-Anwendung Doodle, organisieren zu lassen.

Wie kann ich mir das praktisch vorstellen?

Klassischerweise nutzt man zum Terminplanen eine Liste, in die sich jede(r) eintragen kann. Dieses Grundprinzip bieten Terminplan-Seiten wie Doodle auf digitale Weise: Hier befindet sich die Liste, in die man sich für einen Termin einträgt, auf einer Webseite, die jeder Mensch besuchen kann, der dazu eingeladen wurde. Ähnlich wie auf der Papier-Liste am Mitteilungsbrett ist es möglich, mehrere Optionen einzutragen – aber wesentlich praktischer an der Digital-Version ist, dass sie automatisch ermittelt, welcher Termin für den meisten Eingeladenen funktioniert.

Praktisch sind auch Listen für einzelne Termine, wie man sie etwa zum Planen von Elterngesprächen braucht: Hier ist es digital möglich, sich freie und bereits vergebene Termine anzeigen zu lassen, ohne dass Datenschutzprobleme entstehen. Und weil auch hier alles automatisch passiert, entfällt für Sie die Aufgabe, die freien Termine zu organisieren.

Wie steige ich ein?

Umfrage anlegen

Rufen Sie www.doodle.de auf.

Sofort können Sie mit der Organisation eines Treffens beginnen, indem Sie in das Suchfeld „Was ist der Anlass" Ihren Termin eintragen und „Doodle-Umfrage erstellen" anklicken. Auf der nun geöffneten Seite können Sie den Ort benennen, und wenn das

Programm Ihre eingegebene Adresse erkennt, lässt sich dazu später in der Einladung eine Karte anzeigen – praktisch! Noch praktischer ist das Feld: „Notiz hinzufügen", denn hier können Sie etwas zum Termin oder der Umfrage schreiben, etwa „Liebe Eltern, wie auf dem letzten Elternabend besprochen, möchten wir wieder ein großes Sommerfest organisieren. Mit dieser Umfrage möchten wir den besten Termin finden ..." Es ist möglich, vorher verfasste Texte aus einem Word- oder Open-Office-Dokument zu kopieren und hier einzufügen. Sinnvoll ist es, hier hineinzuschreiben, bis wann das Eintragen in die Umfrage möglich ist.

Termine auswählen

Nun können Sie im nächsten Schritt Ihre Termin-Optionen eingeben, die den Teilnehmern zur Auswahl gestellt werden. Dazu wählen Sie entweder die Ansicht „Woche" oder „Monat" und klicken einen oder mehrere Tage an, die nun den Teilnehmern der Umfrage, hier also den Eltern, angeboten werden. Bei Auswahl eines Tages erscheint „Zeiten hinzufügen". Hier können Sie mehrere mögliche Uhrzeiten angeben. Beim Anklicken mehrerer Tage werden Sie gefragt, ob Sie die gleiche Zeit für alle Daten vorschlagen möchten (Ihr Fest findet in jedem Fall um 16.00 statt, nur der Tag ist noch unklar) oder verschiedene Zeiten für die einzelnen Tage (Am 16. Februar fände es um 16.00 statt, am 17. hingegen schon um 15.00 Uhr).

Terminvorschläge versenden

Im nächsten Schritt geben Sie Ihren Namen als Absender ein und zusätzlich Ihre zum Versenden wichtige Email-Adresse. Wenn Sie nun „Fertig" drücken, erscheint eine Seite mit einem Link (z. B.: „https://doodle.com/poll/b57nxbbnvmdstrwk"). Diesen können Sie kopieren und per Email versenden, und jeder Adressat kann nun den Link anklicken, um Ihre Umfrage zu erreichen und einen Termin auszuwählen. Der Link kann auch kopiert und direkt in die Browserzeile eingesetzt werden, um Ihre Umfrage zu erreichen. Auch Sie müssen sich diesen Link aufbewahren, damit Sie am Ende der Umfragezeit die Ergebnisse sichten können.

Umfrage verwalten und beenden

Der einfachste Weg für gelegentliche Doodle-Nutzer ist es, nach Ablauf der Umfragezeit den Link einzugeben und zu schauen, welche Option die meiste Zustimmung erhalten hat. Um die Umfrage abzuschließen, können Sie zuvor den Button „Endgültige Option wählen" (teilweise unter „Bearbeiten" versteckt) anklicken – nun wird die Umfrage abgeschlossen. Jetzt erscheint oben der Satz „Es ist Zeit, allen Bescheid zu geben", und sie können abermals einen Link erzeugen und versenden, mit dem die Teilnehmer der Umfrage den Termin zugesendet bekommen, der die meisten Stimmen erhalten hat. Dieser lässt sich sogar anklicken und damit in den Outlook- oder Handy-Kalender importieren.

Mit Login „doodeln“

Auf dem hier geschilderten Weg haben Sie sich nicht bei Doodle angemeldet. Deshalb mussten Sie, um am Ende des Umfragezeitraums die Ergebnisse zu betrachten – genau wie die Befragten auch – den versendeten Link im Browser eingeben, um zur Umfrage zu gelangen. Einfacher geht das, wenn Sie sich, nachdem Sie die Umfrage hergestellt und die Teilnehmer eingeladen haben, anmelden. Dafür klicken Sie dann auf „Updates abonnieren“ und werden nun durch die Anmeldeprozedur geleitet. Sobald Sie angemeldet sind, werden Sie über jede Eintragung per Mail informiert. Ebenfalls praktisch: Wenn Sie sich anmelden, finden Sie Ihre bisherigen Umfragen gespeichert und können Sie für die nächste Abfrage verändern und wiederverwenden.

Einzeltermine vergeben

Im eben dargestellten Beispiel haben Sie einen gemeinsamen Termin für viele Menschen gesucht. Genauso ist es aber auch möglich, Einzeltermine für viele Menschen zu vergeben, wie man es etwa bei Elterngesprächen braucht. Dafür klicken Sie wieder „Doodle erstellen“ an und benennen Ihren Termin, z. B. „Jährliches Entwicklungsgespräch“, erläutert mit einem kleinen Einladungstext: „Wie am Elternabend angekündigt, möchten wir Sie einladen, um die Entwicklung Ihres Kindes zu besprechen ...“

Bei Schritt 2, wo die Termin-Optionen vergeben werden, klicken Sie unten auf „Einstellungen“. Im Menü erscheinen nun vier Punkte zum Anklicken. Wählen Sie hier „Beschränken Sie die Anzahl der Teilnehmenden pro Option“ an, um als mögliche Anzahl „1“ einzugeben. So werden den Teilnehmern – in unserem Fall also den Eltern – nur Termine angeboten, die noch niemand anderes gewählt hat.

Weil es mit dem Datenschutz nicht vereinbar ist, dass Teilnehmende auch die Gesprächstermine der anderen erfahren, sollten Sie den unteren Punkt „Versteckte Umfrage“ ebenfalls anklicken. Ansonsten würde öffentlich, wer welchen Termin ausgewählt hat – eine Option, die nur sinnvoll ist, wenn alle Eltern damit einverstanden sind, um den Vorteil nutzen zu können, gegebenenfalls mit anderen tauschen zu können: „Wir haben gesehen, ihr habt den Termin um 15.00 – wäre 16.00 auch möglich für euch?“

Andere Abstimmungen durchführen

„Geht die nächste Kitafahrt ins Zeltlager im Wald oder doch lieber zum Bungalowdorf am See?“ Auch Umfragen ohne Termin sind bei Doodle schnell angelegt. Dieses Mal wählen Sie in Schritt 2 unter „Wie lauten die Optionen“ statt „Woche“ und „Monat“ den Reiter „Text“.

Sie können nun bis zu drei Zeilen Text pro Auswahlmöglichkeit eingeben z. B.: „Kitafahrt zum hölzernen See“ und „Kitafahrt ins Naturcamp Schorfheide“. Weil es ja sowohl Eltern geben wird, die eine der Optionen bevorzugen, als auch solche, die beide Fahrten gut finden und sich der Mehrheit anschließen, bietet es sich hier an, unter „Einstellungen“ den oberen Punkt anzuklicken: „Ja, nein, wenn es sein muss“. Bei den

Umfragen, die Ihre Eltern oder Kollegen erhalten, sieht das dann so aus: Anklicken des Feldes heißt „Ja“, während doppeltes Anklicken ein Häkchen in Klammern erzeugt – mit der Bedeutung „Wenn es sein muss“ oder auch „Finde ich auch in Ordnung“.

Worauf muss ich aufpassen?

Datenschutz

Wie bei vielen Online-Tools schwingt auch bei Doodle das Thema „Datenschutz“ mit – natürlich ebenso bei vielen zur Umfrage eingeladenen Eltern. Schließlich werden deren Eingaben ja auf einer Website im Ausland verarbeitet und teilweise für den einsehbar, der den Link erhält. Erfreulicherweise ist es aber überraschend einfach, Datenschutzanforderungen gerecht zu werden: Sie müssen vor allem darauf achten, nur die nötigsten Informationen einzugeben, etwa den Namen Ihrer Gruppe, Ihren eigenen sowie allgemeine Infos zur geplanten Veranstaltung. Bitten Sie die Eltern, nur den Vor- oder Nachnamen einzugeben und den Link nicht weiterzuleiten. Wenn Sie die Option „Versteckte Umfrage“ nutzen, können die Eltern nicht einmal den Namen der anderen Eltern lesen.

Nicht-Internetnutzer

Stellen Sie für Eltern oder Kollegen, die nicht im Netz sind, eine klassische Zettel-Box zum Abstimmen bereit und tragen Sie die Ergebnisse einfach in Ihrer Doodle-Liste selbst nach. Dafür können Sie in der Umfrage ein Pluszeichen im Teilnehmerfeld anklicken, um auch Teilnehmer einzutragen, die keinen Link erhalten haben.

Weiterdenk-Ideen

„Wer macht mit“-Umfrage für Projekte

Überraschend gut eignet sich die Umfrageversion mit Texten (s. „Andere Umfragen durchführen“), um innerhalb der Elternschaft nach Unterstützung für Projekte zu fragen. Hier könnten Sie verschiedene Optionen unter „Text“ eingeben, z. B.: „Ich mache beim Berufe-Projekt mit“, „Ich konnte etwas über meinen Beruf erzählen“, „Ich habe leider keine Zeit“.

Sie können die Eltern im Einladungstext auffordern, konkrete Ideen in das unter der Umfrage stehende Kommentarfeld einzugeben. Das Ergebnis ähnelt dann einer ausgehängten Mitmach-Liste, wäre aber für Eltern, die wenig Zeit beim Bringen und Abholen haben, viel geeigneter.

Elternabend-Vorbereitung

Obwohl theoretisch möglich, wäre eine rein im Netz durchgeführte Elternsprecher-Wahl vielleicht doch zu innovativ und ohne echten Kontakt zu unpersönlich. Aber eine „Wer könnte sich vorstellen, Elternvertreter zu werden"-Umfrage könnte helfen, vor dem Elternabend bereits Kandidaten zu aktivieren.

Ebenso können Sie die Texteingabe nutzen, um das Interesse für zu besprechende Themen abzuklären. So könnten Sie im Einladungstext für den Elternabend Ihr „Pflichtprogramm" vorstellen und anbieten, einen von drei möglichen Punkten aus der pädagogischen Arbeit genauer vorzustellen. Aus diesen drei – oder mehr – Vorschlägen können die Eltern auswählen und eingeladen werden, über das Kommentarfeld ihre Fragen zum Thema zu stellen. Ihr Vorteil ist ein Elternabend, dessen pädagogisches Thema auf Interesse stößt und klare Fragen zum Thema hat.

TOOL-STECKBRIEF

Adresse: doodle.com

Alternativen: „Dudle" heißt eine Doodle-Kopie der Universität Dresden. Sie ist weniger modern und klar designt als das Vorbild, bietet aber durch den Sitz in Deutschland und durch erweiterte Privatsphäre-Einstellungen besseren Datenschutz. Die Nutzungsbedingen stimmen mit europäischen Recht überein. dudle.inf.tu-dresden.de

Kosten: Keine. Doodle ist dafür werbefinanziert. Eine Premium-Version für etwa 30 Euro pro Jahr ist werbefrei und bietet Überblick, welche Mitglieder der Gruppe noch nicht geantwortet haben – insgesamt ein überschaubarer Mehrwert.

Tutorial: www.herder.de/extras/

TIPP 4: Gemeinsamer Kalender mit Google

Einen Kalender, auf dem alle anstehenden Termine der Kindergruppe ordentlich aufgelistet stehen, dürfte wohl jeder Kindergarten führen – meist ein großer Terminplaner im Eingangsbereich der Kita. Der Nachteil eines reinen Papier-Kalenders ist dabei ziemlich offensichtlich: In den kurzen Momenten, wo die Eltern vor dem Brett stehen, werden sie sich kaum alle Termine ansehen und merken. Keinen Einblick in die Kita-Termine haben viele Eltern zu Zeiten, wo sie ihre Termine planen – zum Beispiel morgens beim Losgehen („Ist heute eigentlich dieser Elternnachmittag?").

Also ist es naheliegend, einen gut erreichbaren Kalender im Netz zu führen, auf den jedes Mitglied der Elterngruppe oder des Kitateams zugreifen kann – und der vielleicht sogar an Termine erinnert. Auf folgende Weise gelingt es spielend einfach, einen gut erreichbaren Google-Kalender für die Termine Ihrer Gruppe einzurichten:

Geben Sie im Suchfeld des Browsers die Worte „Google" und „Kalender" ein und klicken Sie dann auf den vorgeschlagenen Link „www.google.com/kalender". Die sich nun öffnende Seite fordert Sie auf, sich mit Ihrem Google-Account anzumelden – falls Sie keinen haben, richten Sie einfach unter „Weitere Optionen"/„Konto erstellen" ein Konto ein. Nun finden Sie auf der linken Seite einen Kalender mit Ihrem Anmeldenamen, darüber einen Button „Weitere Kalender hinzufügen. Das klicken Sie an, dann „Neuer Kalender", um nun Ihren neuen Kita-Kalender benennen zu können.

Wenn Sie diesen jetzt anklicken, erscheinen die Einstellungen. Hier müssen Sie entscheiden, wie öffentlich ihr Kalender werden soll – und welche Daten dementsprechend dort enthalten sein dürfen:

Option „öffentlich"

Ihr Kalender ist offen zugänglich, als stünde er auf der Webseite Ihrer Kita oder außen, gut sichtbar an der Kita-Tür. Für diese Art Kalender wählen Sie unter „Einstellungen/Zugriffsberechtigungen" die Option „Öffentlich freigeben" und „Alle Termindetails anzeigen". Im gleichen Feld können Sie nun einen Link zum Freigeben abrufen, den Sie den Eltern senden können. Nun haben diese – und theoretisch jeder, dem der Link weitergereicht wird – die Möglichkeit, den Link anzuklicken, um den Kalender einzusehen. Klar ist, dass dieser Kalender keine geschützten Daten enthalten darf. Wann das – öffentliche – Kitafest stattfindet, darf natürlich dort stehen, ebenso die Schließzeiten. Persönliche Daten – etwa wann welche Kollegin Dienst hat – sollten Sie hingegen nicht dort veröffentlichen.

Option „nicht-öffentlich"

Ihr Kalender ist nur beschränkt zugänglich, wenn Sie – anstatt „Öffentlich freigeben" anzuklicken – das Feld „Für bestimmte Personen freigeben" wählen. Geben Sie dort die Email-Adressen aller Eltern an, können nur diese den Kalender einsehen – vorausgesetzt allerdings, sie besitzen einen Google-Account. Da Sie den Online-Kalender ja als Zusatzangebot zum Papierkalender im Kita-Eingangsbereich anbieten, spricht gegen diese Hürde wenig.
Wichtig ist bei dieser Option, dass Sie hinter den eingegebenen Emailadressen der Eltern jeweils die Einstellung „Alle Termindetails anzeigen" auswählen – die anderen Optionen lassen entweder das Verändern der Termine durch die Eltern zu oder geben nur Einblick in freie Zeiten. Vorteil dieser Option ist, dass Sie mehr interne Informationen eintragen können. Bei einem reinen Team-Kalender könnten auch Anwesenheitszeiten der Kollegen oder Geburtstage mit Namensnennung eingetragen werden.

Kalender mit verschieden Optionen kombinieren

Das Programm erlaubt es, einen Gesamtkalender mit mehreren „Unterkalendern" zu führen. So können Sie durch Anklicken von „Weitere Kalender hinzufügen" mehrere Kalender unterschiedlicher Funktion erzeugen, von denen einer öffentlich ist, ein zweiter teilöffentlich und ein dritter vielleicht nur dem Team zugängliche Daten enthält. Sie müssen nur jeweils die Einstellungen an die Adressatengruppe anpassen und beim Vergeben neuer Termine darauf achten, dass Sie durch Auswahl der richtigen Farbe des kleinen Punktes unter einem neuen Termin diesen dem passenden Kalender zuordnen.
Das Hinzufügen von Terminen ist sehr einfach: Sie müssen nur in der normalen Kalendereinsicht einen Tag anklicken, wodurch ein Termin-Fenster aufgeht, in dem Sie den Titel des Termins eintragen können („Elternabend der Schneckengruppe", „Faschingsparty") und die Uhrzeit. Ferner erreichen Sie durch Anklicken von „Weitere Optionen" eine Unterseite, um Details einzutragen, wie den Ort oder auch zusätzliche Informationen in Form eines Fließtextes, etwa um Mitzubringendes zu beschreiben („Bitte denken Sie daran, dass Ihr Kind an diesem Tag …")
Eine praktische Option für wirklich wichtige Termine bietet das Menü „Gäste hinzufügen", wo Sie durch Eingabe der Emailadresse Personen zu Ereignissen einladen können – oder eben an bestimmte Termine erinnern können. Nach Eingabe der Emailadresse müssen Sie oben „Speichern" klicken und werden nun gefragt, ob Einladungen an die Gäste versendet werden sollen. Wenn Sie das bejahen, erhalten die Besitzer der eingegebenen Emailadressen – auch wenn sie keinen Google-Account haben und Ihr Kalender nicht öffentlich ist – eine Einladung per Email, die durch Anklicken automatisch im Kalender des jeweiligen Empfängers aufgenommen wird. Dabei heißt der

Absender der Email so, wie Ihr Kalender benannt ist: „Faschingsfeier/Eingeladen von Kita Musterhausen" könnte also auf der Email stehen, die bei den Eltern eintrifft.

Auch für die Eltern, die lieber den klassischen Papier-Kalender nutzen, ist das Google-Tool nutzbar. Denn unter dem rechts oberhalb des Kalenders abgebildeten Einstellungs-Zahnrades gibt es den Befehl „Drucken", durch den der Kalender in Din-A4-Größe im Monatsformat ausgedruckt werden kann, wahlweise im Quer- oder Hochformat. Das Querformat eignet sich besonders gut, ausgedruckt und abgeheftet zu werden. So erhalten Sie beispielsweise einen Kalender zum Umblättern als Elterninfo für den Eingangsbereich

„Ich überlege manchmal, ob ich mit den Eltern nicht eine WhatsApp-Gruppe aufmachen sollte. Wäre doch praktisch – eine Kurznachricht, dass alle an den Zooausflug denken sollen, dann am Tag danach drei, vier nette Bilder … Aber darf man das überhaupt?"

TIPP 5: Kurznachrichten mit WhatsApp und anderen Diensten

„Instant-Message-Apps" heißen sie – die Programme auf unseren Handys, die das Kommunikationsverhalten vieler Menschen in wenigen Jahren grundlegend verändert haben. Wo man früher kurz angerufen hätte, um eine Information schnell durchzugeben, später dann eine SMS verschickt hätte, verwendet man heute WhatsApp und andere Messenger-Dienste.

Weil diese Art der Nachrichtenübermittlung ausgesprochen populär ist, kommen Sie als Pädagoge oder Pädagogin fast nicht um die folgenden Frage herum: Soll ich Messenger auch für meine pädagogische Arbeit nutzen? Welche Information kann ich bedenkenlos versenden, wo gibt es hingegen rechtliche Fragen zu beachten? Wie kann ich dabei Privates vom Beruflichen trennen? Gibt es Alternativen zu WhatsApp und anderen, die die Daten irgendwo im Ausland verarbeiten?

Nur mit Selbstbeschränkung sinnvoll: Die Kita-WhatsApp-Gruppe

Mit großem Abstand am meisten genutzt wird „WhatsApp“, der inzwischen zum Facebook-Konzern gehörende Messenger-Dienst. Wenn Sie für Ihre Kitagruppe diesen Dienst nutzen möchten, bietet das auf den ersten Blick einen entscheidenden Vorteil: Fast alle Eltern nutzen – rein statistisch gesehen –bereits WhatsApp. Es müsste also kaum jemand eine neue App herunterladen, um die neuesten Kita-Nachrichten zu erhalten. Und zumindest die regelmäßigen Nutzer dürften Ihre Nachrichten sehr gewissenhaft abrufen, weil sie ja ohnehin ständig mit WhatsApp kommunizieren.

Umgekehrt entstehen genau aus dieser alltäglichen Nutzung Nachteile für Sie: Indem Sie eine Kita-Elterngruppe bei WhatsApp anlegen, dürfte sich auch die interne Kommunikation der Eltern innerhalb der Gruppe verstärken. Das kann dazu führen, dass Sie plötzlich sehr viel zu lesen haben – sowohl an Sie gerichtete Nachfragen als auch Gespräche der Eltern untereinander.
Ihre knappe Information „Bitte für den Ausflug morgen an wetterfeste Bekleidung denken!“ kann also zu vielen Nachfragen führen („Weiß jemand, ob der Ausflug auch bei starkem Regen stattfindet?“), zu Diskussionen innerhalb der Gruppe („Warum geht die Gruppe nicht lieber ins Museum“) oder vielen nett gemeinten, in die Runde gesendeten Grüßen – die Sie zumindest überfliegen werden, weil Sie ja nicht wissen, ob darunter wichtige Infos sind. Das kann natürlich bei der Arbeit erheblich stören.

Als ungünstig empfinden es viele PädagogInnen auch, dass sie durch ihre Mitgliedschaft in der Gruppe zwangsläufig auch an vielen Interna der Eltern teilhaben. Hinzu kommt, dass den Eltern durch den WhatsApp-Kontakt ihre private Mobil-Nummer bekannt ist. Aus diesen Gründen untersagen manche Träger die Nutzung privater WhatsApp-Accounts für Dienstliches.

Rechtlich schwierig ist vor allem das Versenden von Bildern oder Filmen aus dem Kita-Alltag. Das wäre nur erlaubt, wenn die Eltern schriftlich zugestimmt haben, dass sie mit der Weiterverbreitung von Bildern ihres Kindes einverstanden sind – und diese Daten außerhalb der EU nach fremden Datenschutzbedingungen verarbeitet werden.

Fazit: WhatsApp als Kommunikations-Instrument mit den Eltern empfiehlt sich kaum. Wenn, dann bedarf es der Absprache mit dem Träger und großer Konsequenz innerhalb der WhatsApp-Gruppe, die Sie als Kita-Team ausschließlich zum Versenden von Infos nutzen sollte. Stellen Sie klar, dass Sie tagsüber keine Nachrichten lesen werden und Fragen auf diesem Weg nicht beantworten; halten Sie sich aus gruppeninternen Diskussionen konsequent heraus.

Wenig bekannt, aber praktisch: Remind oder Hoccer

Um Privates von Beruflichem zu trennen, bietet es sich an, verschiedene Messenger-Dienste zu verwenden. Das bedeutet allerdings, dass die Eltern bereit sein müssen, sich einen weiteren Message-Dienst nur für Kitabelange herunterzuladen.

Ein gutes Beispiel für einen solchen Extra-Messagedienst ist die App „Remind“, die sich speziell an Lehrkräfte wendet – aber natürlich genauso gut für ErzieherInnen funktioniert. Der Hauptunterschied zu WhatsApp ist einfach, aber effektvoll: Sie können Nachrichten versenden, ohne dass Ihre Telefonnummer dabei bekannt wird. Sie können festlegen, ob die „Gegenseite“ Sie erreicht und können sogar Sprechzeiten einrichten, zu denen Sie für das Beantworten von Fragen bereitstehen.

So geht's: Suchen Sie im App Store oder Google Store nach „Remind101“ und laden Sie sich die kostenlose App herunter. Nach der Installation melden Sie sich als „Lehrer“ an und benennen Ihre Kindergruppe als „Klasse“. Nun können Sie die Eltern Ihrer Kinder als Personen hinzufügen – entweder über bereits gespeicherte Kontakte oder durch Eingabe der Emailadressen.

Als „Lehrer“ haben Sie nun die Möglichkeit, an die eingeladenen Personen Infos zu senden. Dazu klicken Sie im Menü der App auf den blauen Bleistift, um eine Nachricht an alle Mitglieder einer Gruppe zu verfassen. Mit der ersten Nachricht erhalten alle Eltern per Email die Einladung, sich ebenfalls die App zu installieren und damit die Nachricht empfangen zu können. Wie bei „WhatsApp“ ist es auch bei „Remind“ möglich, Fotos zu versenden – dabei gelten die gleichen Anforderungen bezüglich des Einverständnisses der Elternschaft.

Nicht speziell für Pädagogen erdacht, aber ähnlich „anonym“ und zudem bestens an die deutschen Datenschutzbestimmungen angepasst ist die App „Hoccer“, die sowohl für Android- als auch Apple-Geräte verfügbar ist. Wie bei „Remind“ ist es auch hier nicht nötig, die eigene Telefonnummer bekanntzugeben, um innerhalb einer Gruppe zu kommunizieren. Auch diese App müssten sich die Eltern speziell für die Kita-Kommunikation herunterladen.

Modern, klassisch, sauber – aber mit Vorbereitung: Gruppen-SMS

Eigentlich erfüllt ja die klassische SMS alle Voraussetzungen für einen guten Kita-Nachrichtenservice: Sie wird von den meisten Nutzern ebenso ernst genommen wie die WhatsApp-Nachricht, führt aber weniger schnell zu Antworten und erst recht nicht zur endlosen Kommunikation in Chatgruppen. Das Versenden von Bildern ist dabei allerdings deutlich unpraktischer, aber ohnehin datenschutzrechtlich schwierig.

Die Voraussetzung dafür, schnell eine Gruppen-SMS an viele Menschen gleichzeitig versenden zu können, ist das Ordnen der Adressen der Eltern in Gruppen. Dazu gibt es je nach Betriebssystem Ihres Telefons bereits installierte Wege. Im Android-Betriebssystem müssen Sie einfach nur "Kontakte" aufrufen, einen bereits eingegebenen Kontakt aufrufen und hier unter „Gruppen" eine neue Gruppe erstellen, der sie dann auch alle anderen Eltern etc. zuordnen können.

Für Apple-Nutzer bietet es sich an, eine App wie „Group 4+" von Qbix kostenfrei herunterzuladen, um aus den unter „Kontakten" gespeicherten Telefonnummern der Eltern eine Gruppe bilden zu können, die Sie nun schnell mit einer gesammelten SMS erreichen können: „Achtung, der geplante Ausflug fällt wegen Regen leider aus – Ihr Schildkrötengruppen-Team!"

TIPP 6: Dienstplan-Apps und Dienstplan-Tools

Ein typisches Beispiel, wo Computer uns unangenehme Arbeiten abnehmen können, sind wohl Dienstpläne. Auch hier macht es Sinn, das Planen und Bereithalten auf Papier durch Online-Tools abzulösen, um jederzeit und überall nachschauen zu können, wann man Dienst hat, und um Fehler zu vermeiden, die durch händisches Eintragen leicht passieren. Drei Formen von Unterstützung bieten sich an:

Mit Dienstplan-Apps arbeiten:

„Mein Schichtplan", „Dein Schichtplan" oder „Erna: Dienstplan" heißen einfache und kostenlose Apps, die vor allem praktisch sind, wenn kleinere, gleichberechtige Gruppen den Dienst planen wollen und die festlegten Zeiten mit ihrem Handykalender synchronisieren können. Besonders übersichtlich geschieht das mit der App „My Duty, für Pflegefachpersonal", die zwar eher für den Pflegebereich entwickelt wurde, aber sehr gut zu den Bedürfnissen eines kleinen Kitateams passt. Für das Planen

durch eine Leitung sind diese Apps unpraktisch, weil die Nutzer quasi gleichberechtigt sind, aber sie eignen sich auch gut dafür, die bereits in einem anderen Plan festgelegten Zeiten zu übertragen, immer im Blick zu haben, daran erinnert zu werden und mit anderen Kollegen tauschen zu können.

Eine professionelle Planungs-App nutzen:

„Dienstag App" lautet der Name einer nur für das iPad nutzbaren Planungs-App, die das Erstellen von Dienstplänen für ganze Teams einfach und sehr übersichtlich macht. Hiermit ist es möglich, Zeiten automatisch zusammenzurechnen, oder den restlichen Urlaubsanspruch auf Knopfdruck anzuzeigen.
Um die mit der App erstellten Pläne sehen zu können, also als Mitarbeiter zu erfahren, an welchem Tag man dran ist, braucht man nicht unbedingt ein Apple-Gerät. Der aktuelle Dienstplan kann nach Fertigstellung wahlweise auch als PDF-Datei versendet und ausgedruckt oder per Email zum Handy- oder Computerkalender der Mitarbeiter gesendet werden, wo sich die Zeiten automatisch eintragen. Selbst Aktualisierungen (Bitte morgen eine halbe Stunde früher beginnen) werden automatisch verschickt, wenn Sie das möchten.

Online-Planungsportale nutzen oder Musterpläne downloaden:

Weil so viele Menschen in Schichten arbeiten, wurden auch schon viele praktische Dienstplanungs-Programme erdacht und kostenlos zur Verfügung gestellt. Unter den Gratis-Angeboten fällt für Mitarbeiter im Kindergarten vor allem das Portal www.dienstplan-maschine.de positiv auf: Hier wurden für unterschiedlichste Größen und Formen von Kinderbetreuungseinrichtungen passsende Pläne entwickelt, die Sie nur wenig auf Ihre Einrichtung anpassen müssen. Weil es sich um Excel-Tabellen handelt (die auch mit kostenlosen Programmen wie „OpenOffice Calc" gelesen werden können), rechnen diese Pläne nach Eintragen von Diensten selbstständig aus, wer wie lange gearbeitet hat.

Um die damit errechneten Dienstzeiten auch von außerhalb der Einrichtung einsehbar zu machen, bietet sich das Abspeichern erstellter Pläne als PDF-Dateien an, die entweder versendet oder in einem Cloud-Speicher der Kita bereitgehalten werden können (siehe S. 38: „Mit Dropbox & Co. Bild und Text bereitstellen").

Das Kapitel auf einen Blick

Gerade beim Thema Termine kommen die Vorzüge der digitalen Technik voll zum Zuge. Computerprogramme lösen die Aufgabe, aus vielen verschiedenen Terminvorschlägen den für alle Beteiligten passenden herauszufinden, deutlich besser als Menschen.

Damit Eltern auch außerhalb der Einrichtung jederzeit Kita-Termine nachschauen können, bietet es sich an, Online-Kalender einzuführen. Dabei gilt es Datenschutz-Aspekte zu beachten!

Viele Menschen organisieren ihre Termine heute nicht mehr mit Planern aus Papier, sondern Online. Auch wenn Sie das nicht bevorzugen: Damit Ihre Termine von der Online-Fraktion wahrgenommen werden, ist es sinnvoll, sie auch in virtueller Form zu versenden.

Für kurze Informationen und Erinnerungen bieten sich moderne Messenger-Dienste durchaus an. Bei der Wahl des passenden Dienstes ist es wichtig, neben dem Datenschutz auch die Trennung von Privatem und Beruflichem mit zu bedenken.

Insbesondere bei der Dienstplanung zeigt sich: Es gibt Bereiche, wo digitale Techniken die Arbeit deutlich erleichtern und uns Zeit verschaffen, wichtigeren Tätigkeiten als klassischer Bürotätigkeit nachzugehen.

Das müsst ihr sehen!

// Einfacher dokumentieren und eigene Eindrücke anderen zugänglich machen //

„Wenn wir beim Elternabend Bilder von den Kindern im Kita-Geschehen zeigen, sind die Eltern besonders aufmerksam und interessiert – viel mehr, als wenn wir nur von unseren Aktivitäten erzählen. Oft wollen sie auch, dass wir Bilder von unseren Foto-Dokumentationen an sie weiterleiten …“

Wie sehr digitale Medien unser Leben verändert haben, wird wohl vor allem beim großen Thema „Dokumentieren“ deutlich. Die vielfältigen Möglichkeiten von Tablet und Smartphone verändern auch die Art und Weise, wie wir uns mit Erlebtem auseinandersetzen: Es gibt unzählige Bilder von fast jeder Alltagssituation, von jedem Ort auf der Welt. Ganze junge Generationen scheinen alles, was sie tun, in Videos zu dokumentieren. Und gerade die Jüngsten erleben dauernd, was es heißt, ständig gefilmt zu werden.

Das kann man zu Recht als Auswuchs beklagen. Aber weil sich unser Verhältnis zum Bild so verändert hat, wäre es kein guter Weg, sich herauszuhalten. Menschen, die den ganzen Tag von Medienbildern umgeben sind, verstehen pädagogische Prozesse um ihr Kind wahrscheinlich kaum, wenn diese nur mit wenigen Fotos und viel Text dargestellt werden. Mehr Bilder und Filme, weniger Text – dieser Entwicklung müssen wir uns stellen. Natürlich auch den Fragen, die es rechtlich dabei zu beachten gibt, wenn Fotos von Menschen entstehen, die noch nicht alleine über ihr Recht am eigenen Bild entscheiden können.

TIPP 7: Kreativ dokumentieren mit digitalen Medien

Vergessen wir einmal das erprobte Doku-Poster! Überlegen wir lieber, welche Formen von Dokumentationen mit digitalen Medien möglich sind – und welche Wirkung sie bei den Eltern entfalten können.

Langzeit-Dokumentationen im Zeitraffer

Welche kreative Energie, welche Spielfreude und welcher Lerneifer in Kindern steckt, erfährt man besonders gut, wenn man die Veränderung eines Spielraums während eines Kita-Tages mitverfolgt – z. B. wie im Bauraum viele kühne Türme und Mauern entstehen und für neue Projekte wieder eingerissen werden. Gleiches gilt auch für Rollenspielraum oder den Bewegungsbereich.

Gut sichtbar machen kann man das durch Langzeitaufnahmen, für die Sie eine „Zeitraffer"-App auf Ihr Gerät installieren. Viele Angebote hierfür finden Sie im Google-, Windows- oder Apple-Store durch Eingabe von „Zeitraffer" oder „Time Laps". Stellen Sie das Tablet oder Smartphone an einem gut geschützten Platz auf, von dem aus man den ganzen Raum gut überschauen kann – eventuell mit eingestecktem Ladekabel, wenn Sie längere Aufnahmen planen. Die App knipst nun in von ihnen ausgewählten Abständen Fotos, die am Ende zu einem kurzen, aber sehr bewegten Film zusammengeschnitten werden. Überzeugend dynamisch!

Kitanews vom Kinderreporterteam

Moderne Kamera-Apps sind kinderleicht zu bedienen. Was liegt näher, als die Kinder beim Erstellen von kurzen oder längeren Dokumentations-Filmchen aktiv einzubeziehen?

Wenn Kinder als Reporter im Film ihr Lieblingsangebot, die Aufgabe des Essensdienstes oder die in der Bauwerkstatt geltenden Sicherheitsregeln vorstellen, durchleben sie nicht nur ein medienpädagogisches Projekt. Sondern es entsteht ein – im Vergleich zu von Pädagogen hergestellter Dokumentation – wesentlich authentischeres, ja geradezu anrührendes Werk, das direkt zeigt, wie gut Ihre pädagogische Arbeit bei den Kindern ankommt.

Kündigen Sie zudem an, dass auf dem nächsten Elternabend statt eines Powerpoint-Vortrages ein von Kindern hergestellter Film über das Spielen im Garten zu sehen ist, dürfte das Teilnehmerzahl und Aufmerksamkeit deutlich steigern.

Filme schneiden und mit Trailer versehen

Es mag sein, dass ein von Kinderhand gedrehter Film einige Unterbrecher, plötzliche Szenenwechsel und Verwackler aufweist. Und vielleicht möchte man einen Zeitraffer-Film noch etwas durch Texttafeln aufwerten sowie ungeeignete Szenen herausschneiden. Das alles sind relativ einfach lösbare Probleme mit modernen, sehr schnell zu verstehenden Filmbearbeitungs-Apps.

„iMovie" für Apple-Geräte, „CyberLink PowerDirector Mobile" für Android und Windows oder „Shotcut" für Windows-Computer eignen sich gut dafür, aus Filmstreifen unpassende Teile herauszuschneiden und z. B. einen professionell wirkenden Trailer hinzuzufügen. Um die Bedienung zu lernen, finden sich zudem zahlreiche Video-Tutorials im Netz.

Musikstücke mit Nachbearbeitung

Neben all den Filmen geraten akustische Aufnahmen oft in den Hintergrund – schade bei Musikvorführungen, wo beim Betrachten von Videos manchmal mehr auf die Optik als die Klänge geachtet wird. Dabei verfügen moderne Smartphones, Tablets und Laptops über gute eingebaute Mikrophone, mit deren Hilfe, unterstützt durch die Mikrophon-App, gute Aufnahmen gemacht werden können.

Für das Herausschneiden von Patzern, Missklängen und Wartezeiten bieten sich einfach zu bedienende Handy-Apps an, geben Sie einfach „Audio bearbeiten“ im Appstore ein. Für den PC eignet sich auch das hervorragende, kostenlose Programm „Audacity“, mit dem die Kinderstücke quasi professionell geschnitten und bearbeitet werden können – mit Hall und mehreren Spuren. Die Ergebnisse lassen sich als MP3-File speichern und so auf den CD-Playern oder MP3-Playern der – sicher begeisterten – Eltern abspielen.

„Zu Weihnachten habe ich den Eltern immer eine CD mit den schönsten Bildern von der Weihnachtsfeier kopiert und geschenkt. Aber nutzt heute überhaupt noch jemand CDs?“

TOOL: Mit Dropbox & Co. Bilder und Filme bereitstellen

Bilder, Filme und Texte werden immer weniger „anfassbar“. Statt mit bedruckten Papieren oder Plastikstreifen, wie es Filme und Tonaufnahmen einst waren, haben wir es heute mit Datensätzen zu tun, die sich auf einfache Weise im Netz bereitstellen lassen. Dazu bieten sich kostenlose „Clouds“ wie Dropbox oder WeTransfer an sowie die an die herkömmlichen Geräte angeschlossenen iCloud, OneDrive oder GoogleDocs. Sie ermöglichen es Eltern, Bilder aus dem Leben der Kita selbstständig auszuwählen, herunterzuladen oder weiterzuverwenden.

Wie kann ich mir das praktisch vorstellen?

Dropbox und ähnliche Anwendungen sind Datenspeicher, die irgendwo auf der Welt tatsächlich herumstehen – in Form riesiger Computer – und mit unseren Geräten über Leitungen verbunden sind. Sie funktionieren im Grunde wie ein Schrank irgendwo auf einem öffentlichen Platz, den dazu berechtige Menschen öffnen können, um die enthaltenen Dinge zu betrachten, zu kopieren, entnehmen und eventuell auch neue Dinge hinzulegen.

Genauso können auch im Datenspeicher, also der „Cloud“, enthaltene Daten wie Bilder, Filme, Texte oder Musikaufnahmen entweder nur betrachtet oder kopiert werden oder auch neue Daten hinzugefügt werden. Wer was darf, entscheidet der Einrichter der jeweiligen Cloud, nämlich Sie.

Wie steige ich ein?

Geben Sie „Dropbox" in das Suchfeld des Browsers ein. Klicken Sie die Gratis-Version an, also www.dropbox.com/de/.

Anmelden

Nun werden Sie aufgefordert, sich entweder mit einem vorhandenen Google-Konto anzumelden oder ein neues Konto zu erstellen. Auf der folgenden Seite müssen Sie den AGBs zustimmen und können den Benutzernamen vergeben, der später auch den eingeladenen Nutzern angezeigt wird – hier wäre es also sinnvoll, den Kita- oder Gruppennamen einzugeben.

Im nächsten Schritt erreichen Sie Ihren neuen Ordner – und können, falls Sie daran interessiert sind, die Anwendung auch als praktische App herunterladen. Diese macht vor allem auf dem Smartphone das Speichern von Daten in der Dropbox einfach.

Daten hochladen

Schon kann das Speichern von Bildern, Filmen und Texten in Ihrem virtuellen Speicher losgehen, indem Sie „Dateien hochladen" anklicken. Günstiger allerdings ist es, vorher über den Befehl „Neuer Ordner" einen Speicherort für diese Dateien anzulegen. Vergeben Sie nach dem Klicken von „Neuer Ordner" den Namen für den Ordner, um ihn durch Klicken zu öffnen. Wenn Sie jetzt „Hochladen" klicken, können Sie direkt aus ihrem Computer oder Smartphone Daten in diesem Ordner ablegen – als Kopie.

Daten freigeben

Noch ist ihr Ordner nur für Sie erreichbar – was praktisch ist, wenn Sie vom Computer zum Handy Daten austauschen möchten. Damit Eltern oder Kollegen Zugriff darauf bekommen, klicken Sie jetzt auf „Ordner freigeben". Nun können Sie die Email-Adressen der Personen, die im Ordner enthaltene Dateien nutzen dürfen, eingeben.

Achtung: Wichtig für den „normalen" Gebrauch mit Eltern ist, dass Sie unter den Optionen zur Freigabe „Kann betrachten", nicht aber „Kann bearbeiten" anklicken, denn der letztere Befehl hieße, dass jeder eingeladene Benutzer die Daten löschen, verändern und neue hineinstellen könnte. (Diese Option könnte eher für Kolleginnen und Kollegen interessant sein, die den Ordner mit nutzen.)

Ergebnis der Freigabe ist nun, dass an alle eingeladenen Nutzer ein Link per Email versendet wird („Kita Musterstadt hat Sie eingeladen, sich den Ordner „**Testordner**" in Dropbox anzusehen.") Wenn diese Personen auf eine in der Mail enthaltene blaue Leiste mit Aufschrift „Hier geht's zum Ordner" klicken, werden sie aufgefordert, sich ebenfalls mit einem Google-Konto oder neu anzumelden (auch hier gratis!) und sie können sich die enthaltenen Dateien ansehen.

Eine Bild-Text-Dokumentation erstellen

Die Besucher Ihrer Dropbox können bisher Fotos und Filme betrachten, zusätzlich wäre es möglich, ein bereitgestelltes Word-Dokument oder eine PDF-Datei zu lesen. Das ist praktisch, wenn es nur um das Bereitstellen von schönen Bildern geht, aber noch nicht ausreichend, wenn Sie auf diese Weise Einblick in Ihre pädagogische Arbeit geben möchten. Schließlich fehlen erläuternde Texte, von welchen Aktionen oder Angeboten Ihre Bilder stammen und welche Ziele Sie damit verfolgt haben.

Genau dieses können Sie auf spielend einfache Art erreichen, wenn Sie den Button „Paper“ auf der linken Menüseite (unter dem Dropbox-Symbol, Start und Dateien) anklicken. Sie werden nun eingeladen, eine Art Präsentation zu erstellen – die zum Beispiel wie eine klar gestaltete Dokumentation mit Bildern aussieht. Das geht so: Nachdem Sie „Neues Dokument“ angeklickt haben, vergeben Sie einen Titel für Ihre Seite, etwa „Unser Mal-Tag im Atelier“. Darunter (wo „Schreiben Sie etwas Spannendes“ steht) erläutern Sie Ihre Aktion mit ein paar Zeilen.

Vor allem können Sie Ihrem Dokument Bilder zufügen, z. B. die bereits in der Dropbox gespeicherten oder auch neu hochgeladene Bilder, genauso gut auch Videos. Gefällt Ihnen Ihre kleine Doku, können Sie sie über den Befehl „Einladen“ (oben rechts) mit den Eltern teilen, wobei es wieder angebracht ist, die Option „kann kommentieren“ statt „kann bearbeiten“ zu wählen. Die Eltern erhalten damit eine Einladung zu Ihrer Präsentation, die sie ausdrucken, herunterladen oder auch als Favoriten im Browser speichern können.

Weil beim Herunterladen meist ein Word-Dokument entsteht, ist die unerwünschte Weiterverarbeitung von Bildern schwierig. Genau wie bei normalen Dropbox-Dateien können Sie auch Ihre „Paper“ sortiert in Ordnern anbieten – quasi wie ein sortiertes pädagogisches Tagebuch, beispielsweise nach Monaten geordnet. Um diese „Paper“ auch Eltern zur Verfügung zu stellen, die nicht „online unterwegs“ sind, können Sie Ausdrucke anfertigen: Dazu auf der rechten Seite der oberen Leiste, verborgen unter drei Pünktchen, einfach den Befehl „Drucken“ anklicken.

Worauf muss ich aufpassen?

Persönlichkeitsrechte beachten

Egal welche Methode Sie bevorzugen – grundsätzlich bedarf die Weitergabe von Bildern, auf denen Kinder zu sehen sind, immer des Einverständnisses der Eltern. Lassen Sie sich vorab schriftlich zusichern, dass alle Eltern mit der Weitergabe entstandener Fotos und Filme in der Gruppe einverstanden sind und jeder sich verpflichtet, diese Bilder nicht an Außenstehende weiterzugeben. Eine entsprechende Einverständniserklärung zum Unterschreiben finden Sie hier im Anhang auf S. 74 als Kopiervorlage. Achten Sie gerade beim Erstellen von Präsentationen mit Text darauf, die abgebildeten Kinder nicht mit vollem Vor- und Nachnamen zu benennen.

Speicher sparen

Die Gratis-Version bietet limitierten Speicherplatz. Damit es für Ihre Fotosammlung nicht irgendwann „wegen Überfüllung geschlossen“ heißt, lohnt es sich, die Dateien jeweils nur für eine begrenzte Zeit in der Dropbox liegen zu lassen. Schreiben Sie in der jeweiligen Einladungsmail an die Eltern, für welchen Zeitraum die Bilder abrufbar sind, und löschen Sie alte Ordner immer gleich, wenn neue Bilder hinzukommen.

Urheberrechte beachten

Wer Noten und Liedtexte in seiner Dropbox für Eltern bereithält oder gar beliebte Kinderlieder als Mp3-Datei bereitstellt, kann in Konflikt mit Urheber- und Verwertungsrechten des Dichters oder Komponisten geraten. Vermeiden Sie solche Unklarheiten.

Weiterdenk-Ideen

Gemeinsam an Texten arbeiten

Dropbox – sowie das ganz ähnlich funktionierende Tool „Google Docs“ – sind unter anderem dafür gedacht, Menschen das gemeinsame Arbeiten an einem Dokument zu ermöglichen. Für Kindergärten kommt dieses Thema am ehesten beim Erstellen von Förderanträgen, neuen Konzeptionen oder den Texten für die neue Internetseite in Betracht. Um die Zusammenarbeit an einem Dokument in der Cloud zu ermöglichen, müssen Sie die – im vorigen Abschnitt nicht empfohlene – Freigabe-Option „Kann bearbeiten“ wählen. Auf diese Weise kann jeder in einem einmal abgelegten Dokument Veränderungen vornehmen, und alle zum Bearbeiten eingeladenen Nutzer werden jeweils informiert, wenn etwas geändert wurde. Praktisch bei Textdateien ist übrigens, dass die Bearbeiter kein eigenes Schreibprogramm – zum Beispiel Word – besitzen müssen, denn dieses ist in der Dropbox-Nutzung integriert. Ähnliches gilt für Excel.

TOOL-STECKBRIEF

Adresse: www.dropbox.com

Alternativen: Google Docs bietet, ähnlich wie Dropbox, gratis eine große Speichermenge an. Das Programm passt besser zu dem Ziel, gemeinsam an einem Dokument zu arbeiten, ist für gelegentliche Benutzer und Foto-Teiler dagegen etwas komplizierter zu handhaben. Wer über ein Microsoft- oder Apple-Konto Platz in der iCloud oder bei OneDrive mitgekauft hat, fährt auch mit diesen Optionen gut, allerdings jeweils ohne die vorgestellte „Paper"-Option. Speziell zum Versenden sehr großer Dateien wie Filmen – etwa einem gemeinsam hergestellten Kita-Film – bietet sich das Gratis-Portal WeTransfer an (wetransfer.com), wo Sie solche Riesendateien für kurze Zeit zum Download durch per Link eingeladene Benutzer bereitlegen können.

Kosten: Keine bei Nutzung der Freeware-Version. Die Premium-Version für etwa 100 Euro pro Jahr lohnt sich nur, wenn Sie große Mengen Daten dauerhaft aufbewahren möchten.

Tutorial: www.herder.de/extras/

Beispiel für ein „Dropbox-Paper": www.bit.ly/mal-aktion

„›Lesen Sie bitte diesen Code ein, wenn Sie mehr erfahren wollen‹ – gibt es solche Tricks auch für Dokumentationswände in der Kita?"

TIPP 8: Mit QR-Codes Infos und Bilder zugänglich machen

Egal ob Dropbox oder Google-Kalender: Ziemlich oft ist in diesem Buch vom Versenden von Links die Rede, um zu im Netz gespeicherten Dateien zu gelangen. Das ist praktisch, wenn die Eltern zuhause ihre Emails abrufen. Aber für das direkt Vermitteln von Bildern oder Infos in der Kita selbst sind Link-Hinweise weniger geeignet.

Eine gute Möglichkeit ist es, hier mit QR-Codes zu arbeiten, wie sie seit einigen Jahren auf Werbepostern oder Verpackungen zu finden sind. Auch für PädagogInnen bringen die Bild-Codes mit den markanten Mustern durchaus Vorteile, denn Sie müssen weder einen Link versenden noch eine komplizierte Webadresse an die Dokumentationswand schreiben, unter der bestimmte Inhalte zu finden sind.

Was QR-Codes sind und wofür sie sich anbieten

QR-Codes sind eigentlich nur in Bildpunkte übersetzte Web-Adressen. Der Code führt also immer zu einer solchen Webseite oder einer Unterseite davon. Sie können diese Codes dafür benutzen, Eltern oder andere Web-Besucher zu Seiten zu leiten, auf denen Sie vorher Dateien bereitgestellt haben – oder andere wichtige Infos. Das können z. B. Bilder in Ihrer Dropbox sein oder Ihr im Web abgelegter Kita-Kalender. Aber auch gute Youtube-Videos, die Kita-Homepage, eine wichtige Seite des Schulamtes o. Ä.

Was man braucht, um QR-Codes zu lesen

Automatisch passiert meist nichts, wenn man ein unvorbereitetes Handy vor einen solchen Code hält. Man benötigt einen QR-Scanner auf dem Gerät. Ist eine solche App nicht schon werksmäßig installiert, kann man sich eine der vielen angebotenen Varianten installieren.

Wie man selbst QR-Codes erstellt

Dafür bieten sich zwei verschiedene Wege an. Einmal gibt es Apps für Smartphone oder Windows, mit denen die Codes erstellt werden können, oft kombiniert mit dem QR-Scanner. Für das Erstellen des Codes muss man nur die Adresse der gewünschten Webseite eingeben – oder eben den Kurz-Link, der beim Einladen zu Dropbox und Google-Kalender versendet wird – um auf Knopfdruck einen Code zu erhalten.

Genauso simpel funktioniert das auf Webseiten wie http://goqr.me/de, wo Sie ebenfalls die gewünschte Adresse eingeben und den Code herunterladen können. Dieses

Bildchen müssen Sie nur noch ausdrucken, eventuell eingefügt in ein Word-Dokument mit Erläuterung („Neugierig auf unseren Elternabend? Die Tagesordnung finden Sie hier!")

Welche Dokumente und Dateien eignen sich für den Zugang per QR-Code?

- Die Methode bietet sich für alle Texte an, die manche lesen mögen, andere aber nicht und die auf dem Elterninfobrett sehr viel Platz einnehmen würden– wie etwa Elternabend-Protokolle oder Qualitätsberichte. Gut geeignet ist sie auch für das Arbeiten mit Dropbox, z. B. für nur kurzfristig eingestellte Filme („Lust darauf, das Experiment von heute mitzuerleben? Hier ist ein Film!") Statt am Elternbrett Linkadressen zu wichtigen Kontakten auszuhängen – etwa zu Beratungsstellen, Kinderärzten, guten Kinder-Suchmaschinen – bieten sich Codes ebenso an.

TIPP 9: Filme bei YouTube einstellen

YouTube ist für viele Menschen eine Art Ersatz-Fernsehen geworden, gibt es dort doch unzählig viele Filme von lustigen Amateurfilmern zu sehen, außerdem manch einen alten Fernsehmitschnitt oder kostenlose Musikaufnahmen. Aber eignet sich das Portal auch dazu, Filme aus der Arbeit der Kita einzustellen? Welche rechtlichen Hürden sind zu beachten, und wie funktioniert die Sache technisch?

Anmelden und hochladen

- Technisch ist das Hochladen von Filmen ausgesprochen einfach. Sie gehen auf „www.youtube.de", klicken auf den rechts oben abgebildeten, nach oben zeigenden Pfeil für „Hochladen" und werden auf ein Anmeldefeld geleitet. Hier können Sie sich mit Ihrem Google-Konto anmelden oder unter „weitere Optionen" ein solches Konto einrichten. Es erscheint ein großes Feld mit der Überschrift „Daten für den Upload auswählen". Klicken Sie es an, können Sie nun Filme, die auf Ihrem Computer abgespeichert sind, auswählen und sie im nächsten Schritt hochladen, also auf den Server von YouTube kopieren.

- Im sichtbaren Menü können Sie einen Filmtitel vergeben (Feld „Titel") sowie im Kasten darunter eine kurze Beschreibung hinzufügen – beides wird nach Veröffentlichung des Videos im Netz zu sehen sein. Ein weiteres Feld darunter dient dazu,

„Tags“ für den Film zu vergeben, nämlich Suchwörter, mit denen der Film besser gefunden werden kann. Wenn Sie danach auf „Veröffentlichen“ klicken, wird Ihr erstes Video ins Netz gestellt und ist damit öffentlich sichtbar.

Datenschutz-Einstellung vornehmen

Schwieriger als das technische Hochladen ist die Frage, wer den Film sehen darf. Es gibt bei YouTube grundsätzlich drei Datenschutz-Einstellungen, die Sie auf der rechten Seite des Menüfeldes finden, wo zunächst „öffentlich“ steht. Während diese Einstellung bedeutet, dass jedermann den Film suchen oder zufällig finden und anschauen kann, bedeutet die zweite Option, „Nicht gelistet“, dass man den Film nicht suchen oder zufällig finden kann. Nur derjenige kann ihn sehen, der von Ihnen einen Link (oder QR-Code) bekommt, den er dann im Browser eingibt. Während es bei dieser Option möglich ist, den Link weiterzusenden und so weitere Personen teilhaben zu lassen, ermöglicht es die Einstellung „Privat“ ausschließlich den von Ihnen per Email eingeladenen Nutzern, den Film zu sehen.

GUT ZU WISSEN: Welche Datenschutzoption ist die richtige?

Welche Datenschutz-Einstellung für Ihren Film passt, hängt davon ab, wer und was darauf zu sehen ist und was Sie mit dem Präsentieren bezwecken. Rechtlich verhält es sich so: Sind Kinder, Eltern und Kollegen zu sehen, benötigen Sie eine schriftliche Erlaubnis all dieser Menschen (oder bei Kindern: deren Eltern), um den Film veröffentlichen zu können (eine entsprechende Kopiervorlage finden Sie im Anhang, S. 75). Zudem wäre es sinnvoll, den Arbeitgeber/Träger zu informieren, denn mit einem solchen Film stellt sich Ihre Einrichtung ja öffentlich dar.

Das bedeutet: Wollen Sie eine schöne Beobachtungssequenz aus der Bauecke oder den Auftritt der „Kita-Band“ beim Elternfest ins Netz stellen, sollten Sie unbedingt die Einstellung „privat“ wählen. Und zwar in Absprache mit den Eltern, wenn diese nicht schriftlich zustimmen, dass der Film-Link weitergegeben werden kann oder der Film öffentlich gezeigt werden darf.

Bei Filmen wie einem von Kindern hergestellten Zeichentrickfilm wäre „öffentlich“ unproblematisch, denn es sind ja keine wiedererkennbaren Personen zu sehen. Bei Tanzvorführungen oder Playback-Vorführungen ist daran zu denken, dass ja auch die Rechte der Urheber des Musikstücks beachtet werden müssen – für diese Fälle sind die Optionen „nicht gelistet“ oder „privat“ geeignet.

Öffentlich sichtbare Videos gezielt einsetzen

Im Rahmen der Öffentlichkeitsarbeit macht es durchaus Sinn – nach Klärung aller Veröffentlichungsrechte – in einem kurzen, mit „iMovie" geschnittenen Film Einblick in Ihre Arbeit zu geben, damit Interessierte sich ein Bild von Ihnen machen können. Immerhin ist Ihre Einrichtung damit quasi kostenlos mit Werbung im Netz vertreten. Und bei YouTube eingestellte Filme lassen sich sehr einfach in andere Homepages einbetten – so kann der Film auch über einen Link auf der Website Ihrer Einrichtung angesehen werden.

„Viele Eltern wollen gar nicht so viel lesen, sondern einfach nur sehen, dass es ihrem Kind tagsüber gut geht!"

TIPP 10: Digitaler Bilderrahmen

Viele Eltern – besonders die der jüngeren Kinder – würden gerne „mal Mäuschen spielen", um zu erfahren, wie der Tag in der Einrichtung aussieht, wenn sie gegangen sind. Das sollte auch Ihr Anliegen als Pädagogin sein, denn gerade die hektische Bring- und Abholsituation mit all dem Trennungsschmerz ist ja durchaus nicht repräsentativ für einen Tag in Kindergarten und Krippe.

Für stets aktuelle „Einblick-Fotos" bietet sich ein regelmäßig gewarteter digitaler Bilderrahmen an. Mit einer entsprechend großen Bildermenge wird daraus auch ein toller Wartezeit-Verkürzer für die Eltern, die sich die Zeit, bis ihr Kind zu Ende gespielt hat, beim Betrachten der täglichen Fotoserie vertreiben können. Auch für die Kinder ist der Bilderrahmen toll, denn sie können damit Erlebtes noch einmal Revue passieren lassen und sich an besondere Momente zurückerinnern.

Den Bilderrahmen mit Fotos bestücken

Zu einem interessanten und pädagogisch sinnvollen Blickfang wird Ihr digitaler Bilderrahmen, wenn er regelmäßig – am besten täglich – neue Fotos zugeteilt bekommt. Das sollten Sie bei der Auswahl des Rahmens berücksichtigen: Ältere und einfache Modelle bieten sich vor allem an, wenn Sie Fotos mit einer Digitalkamera herstellen, denn sie werden am einfachsten mit der Speicherkarte der Kamera „gefüt-

tert“. Etwas teurere moderne Rahmen haben WLAN-Anschluss, sodass Sie die Bilder direkt vom Smartphone oder Tablett darauf übertragen können – vorausgesetzt Ihre Einrichtung hat WLAN. Alternativ empfehlen sich Bilderrahmen mit „Bluetooth-Funktion“, durch die sie aus kurzer Entfernung die Bilder gut von Tablet oder Smartphone übertragen können.

Kurze Erklärtexte einfügen

Bilder ganz ohne Texte zu präsentieren, ist vielleicht manchem doch zu wenig. Eine einfache Methode, Texte in die Bilderpräsentation einzubauen, sind Apps wie „Phonto – Text on Photos“ für Apple-Geräte, „PicsArt“ (für Apple und Android) oder „Paint 3D“, die Standard-Bildbearbeitungs-App für Windows. Hier können Sie entweder Fotos, die besonders aussagekräftig für Ihr Tagesprojekt sind, beschriften („Unser Fahrzeugtag! Es rollt und rollt ...“) oder auch Text auf „leere“ Seiten setzen, die dann automatisch im Bildformat „JPEG“ abgespeichert werden und in ihrer Bilderserie auftauchen. Natürlich müssen Sie darauf achten, ein auf den Bilderrahmen angepasstes Querformat zu verwenden.

Entspannt über Bildrechte nachdenken

Vorteil des digitalen Bilderrahmens ist, dass Sie damit Bilder zeigen können, ohne sich Gedanken über die unrechtmäßige Weitergabe von Bildern machen zu müssen, was beim Verwenden von Dropbox und Co. immer der Fall ist. So kann es auch kaum ein Problem sein, wenn auf dem Rahmen Kinder ohne spezielle Erlaubnis zur Weitergabe von Fotos innerhalb der Elterngruppe zu sehen sind – denn die Bilder verschwinden auf dem Rahmen genauso schnell wieder, wie sie aufgetaucht sind. Wichtig bei Verwendung eines WLAN-Rahmens ist lediglich, über eine gute Absicherung des Netzwerks nachzudenken – im ungesicherten Netz könnte theoretisch ein technisch versierter Besucher Bilder downloaden.

Gemeinsam über Bilder sprechen

Der digitale Bilderrahmen vermag außerdem einem typischen aktuellen Problem moderner digitaler Medien etwas entgegenzusetzen: Bilder auf Smartphones werden normalerweise alleine betrachtet und eher virtuell weitergeleitet und kommentiert. Der digitale Bilderrahmen im Kindergarten hingegen führt zu direkter Kommunikation, wenn Eltern davor zusammentreffen und untereinander oder mit Kindern und Pädagogen sprechen, war darauf zu sehen ist. Es lohnt sich, genau über den passenden Ort für den Rahmen nachzudenken – für Kinder gut sichtbar und an einem Ort mit Platz, um sich dort niederzulassen oder länger aufzuhalten.

Das Kapitel auf einen Blick

Eltern brauchen Bilder, um sich theoretische Pädagogik praktisch vorstellen zu können. Die universelle Präsenz von Medienbildern im Alltag steigert diesen Anspruch.

Fotos allein genügen nicht. Nutzen Sie die Vielfalt an technischen Möglichkeiten, um spannende und pädagogisch überzeugende Filme und Audiotracks herzustellen – am besten mit Beteiligung der Kinder.

Es ist technisch unkompliziert, zur Veröffentlichung von Filmen YouTube zu nutzen. Sorgfältiger sollten Sie über die Datenschutzeinstellungen sowie die Zielgruppe nachdenken.

Um Fotos, Filme und Dokumentationen zu teilen, eignen sich Clouds gut. Sie können durchaus auch als „virtuelle Dokumentationswand" genutzt werden.

Immer, wenn Fotos und Filme weitergegeben werden, kommt das Thema Bildrechte ins Spiel. Als Pädagogen haben wir hierbei eine große Sorgfaltspflicht.

Eine praktische Ergänzung zu aufwändigen Dokumentationen sind digitale Bilderrahmen. Sie führen auch die Kommunikation über Fotos in den Kindergarten zurück.

Was sagt ihr dazu?

// Die eigene Arbeit präsentieren und zur Diskussion stellen //

?!

„Der persönliche Austausch im Gespräch ist mir bei meiner Arbeit sehr wichtig, und das bleibt auch so. Trotzdem möchte ich mit der Zeit gehen und auch digitale Kommunikationsformen nutzen, wo sie sinnvoll sind – gerade wenn es darum geht, sich professionell zu präsentieren.“

Befürchten wir manchmal zu Recht, dass das allgegenwärtige Digitale allmählich den normalen menschlichen Kontakt von Angesicht zu Angesicht verdrängen könnte? Viele Menschen stöhnen darüber, dass etwa in Bus oder Bahn vor allem „die Jugend“ nur noch in ihr Smartphone starrt, statt einander anzublicken. „Stimmt gar nicht, führen die

Betroffenen dagegen an, wir kommunizieren auf elektronische Art viel intensiver und häufiger miteinander als andere!“ Für unsere Arbeit können wir aus dieser unterschiedlichen Art des Miteinanders schließen: Auch wenn wir eine bestimmte Kommunikationsform bevorzugen – um alle Eltern und Interessenten zu erreichen, müssen wir auch die uns weniger gefallende Form bedienen.

Der digitale Austausch bietet dabei viele Vorteile: Wenn wichtige Informationen über Ihr Haus im Netz zu finden sind, müssen Sie weniger Banalitäten erklären, und Interessenten wissen vorab, ob sie zu Ihnen passen. Simpel erstellte Online-Fragebögen, wie sie hier zur Evaluation Ihrer Arbeit vorgestellt werden, bieten einen guten Einblick in Bedürfnisse der Eltern, die im Alltag oft nicht zur Sprache kommen. Zwei andere Tipps in diesem Kapitel – das Erstellen von Präsentationen und das Designen von Doku-Postern oder Broschüren – helfen dabei, einen professionellen Eindruck zu hinterlassen und gleichzeitig tiefgreifende Gespräche über Ihre Arbeit in Gang zu setzen. Digitale Medien, klug eingesetzt, ersetzen keine Kommunikation, sondern unterstützen sie.

„Unsere Kita hat zwar eine Homepage, aber die wartet unser Träger, und viel erfährt man da nicht über uns. Gibt es nicht auch eine einfache, kleinere Lösung?“

TIPP 11: Bei Facebook eine eigene Seite einrichten

Im Vergleich zu Firmen oder Kultur-Institutionen erfährt man über Kindergärten wenig im Netz. Wer nach Kindergärten oder Krippen surft, stößt oft auf die Homepage des Trägers mit kurzen Infos zu den Ansprechpartner vor Ort – aber ins Kitaleben erhält man kaum einen Einblick, und auch zu aktuellen Terminen und Höhepunkten gibt es in der Regel keine Informationen. Das liegt natürlich daran, dass die Verantwortung für die Homepage selten bei den Pädagogen liegt, die zudem weder Zeit noch Kenntnisse dafür haben.

Eine einfache Alternative ist die eigene Facebook-Seite – schließlich bietet dieses soziale Netzwerk nicht nur Privatpersonen, sondern auch Institutionen kostenlos Platz zur Selbstdarstellung. Probieren Sie aus, ob eine Kita- oder Gruppenseite für Ihre Öffentlichkeitsarbeit geeignet ist!

Anmelden und Seite anlegen

Geben Sie, wenn Sie keinen eigenen Facebook-Account besitzen, die Begriffe „Facebook Unternehmensseite einrichten" in die Suchmaschine ein und klicken Sie auf die Seite „So richten Sie eine ...". Oder Sie melden sich mit Ihrem bereits bestehenden Account an, klicken in der oberen Zeile rechts neben dem eigenen Namen auf den abwärts zeigenden Pfeil und wählen „Seite erstellen" aus.

In beiden Fällen gelangen Sie zu einer Seite, in der Sie verschiedene Typen von Unternehmungen auswählen können. Wählen Sie hier „Unternehmen, Institution, Organisation" aus. Als Kategorie passen nun „Bildung" oder „Vorschule", zusätzlich geben Sie den Namen Ihrer Gruppe oder Kita ein. Im nächsten Schritt werden Sie eingeladen, ein Profilbild einzustellen – zum Beispiel das Logo Ihrer Einrichtung. Es sollte eher quadratisch sein und auch im Kleinformat gut zu erkennen sein.

Wichtiger ist das im nächsten Schritt erbetene Titelbild, denn das wird im Kopf der Seite groß zu sehen sein – es eignen sich querformatige Bilder, etwa die Außenansicht des Hauses, ein schöner Innenraum, ein Gemälde oder Bauwerk von einem Kind. Kinder und Kollegen dürfen selbstverständlich nur mit Genehmigung abgebildet werden. Die Seite ist nun zu sehen – und Sie werden gebeten, einen „Benutzernamen" einzugeben. Hier sollten Sie einen möglichst einfachen, zur Einrichtung passenden Namen wählen, denn er taucht später in der Browserzeile auf: Ist der Benutzername „Feuerkaefer", lautet dessen URL www.facebook.com/feuerkaefer/

Einstellungen anpassen

Vielfältig sind die Optionen unter dem Menüpunkt „Einstellungen" rechts oben. Hier sollten Sie mindestens überlegen, ob Sie „Besucherbeiträge" – zweitoberster Punkt – zulassen, oder ob Sie nicht wünschen, dass Kommentare zu Ihren Texten erscheinen dürfen – beides hat Vor- und Nachteile. Interessant für Profis sind die Optionen unter dem Punkt „Seite bearbeiten", um damit zu entscheiden, zu welchen Kategorien Inhalte zu sehen sind. Standardmäßig sind dieses, wie Sie sehen, „Veranstaltungen" und „Infos".

Etwas über Ihre Kita oder Gruppe erzählen

Was macht Sie aus, wie erreicht man Sie? Für die wichtigsten Informationen zu Ihrer Arbeit rufen Sie nun den Menüpunkt „Info" (unter dem Profilbild links) auf und geben alle nötigen Infos ein. Hier können Sie auch die Kategorie „Bildung" oder „Vorschule" durch „Kita" oder ähnliches ersetzen. Etwas über die Besonderheiten Ihres

Konzeptes oder die Geschichte Ihrer Einrichtung können Sie auf der rechten Seite unter dem Punkt „Story" erzählen. Auch hier ist Platz für ein kleines Bild – vielleicht eines, das Ihr Konzept erklärt oder aus Ihrer langen Einrichtungsgeschichte stammt. Ob Sie unter „Teammitglieder" die Namen Ihres Teams eintragen, hängt natürlich von deren Einwilligung ab.

Und ganz wichtig: Veröffentlichen Sie im Internet ausschließlich Fotos von Kindern, deren Eltern Ihnen schriftlich ihr Einverständnis dazu gegeben haben! (Eine entsprechende Einwilligungserklärung zum Unterschreiben finden Sie als Kopiervorlage im Anhang auf S. 75)

Aktuelle Informationen posten

Äußerst praktisch ist der Menüpunkt „Veranstaltungen", in den Sie geplante Feste, wichtige Termine oder Schließzeiten eintragen können. Auch hier müssen Sie darauf achten, welche Infos niemanden außerhalb der Kitagruppe etwas angehen. Für Aktuelles aller Art bietet sich ansonsten der „Status"-Kasten im Mittelfeld der Seite an, wo Sie unter der Überschrift „Schreib etwas" aktuelle Infos, aber auch Rückblicke zu Tages- oder Wochenereignissen hinterlassen können. Bilder und Videos und Textbeiträge lassen sich hier ebenfalls einstellen – wenn das den Eltern recht ist. Unproblematisch sind Erzähltexte wie im pädagogischen Tagebuch ohne Namen-Nennung: „Diese Woche ging es im Schlangen-Projekt um das Thema Blindschleiche. Die Kinder haben fleißig Ton-Schlangen geknetet, wie sie auf dem Foto zu sehen sind!"

Eltern einladen

„Kennst du Freunde, denen diese Seite gefallen könnte?", fragt ein Reiter rechts oben. Sie können hier Eltern, deren Facebook-Account Ihnen bekannt ist, genauso wie Kollegen einladen, Ihre Seite „zu markieren" und mit „Gefällt mir" zu bewerten. Noch wichtiger, um die Eltern für Ihre Seite zu interessieren, ist sicher das Kopieren der Webadresse Ihrer Seite, wie sie oben in der Browserzeile auftaucht (z.B.; https://www.facebook.com/Feuerkaefer) Diese Adresse können Sie markieren, kopieren und versenden, sodass die Eltern schnell auf Ihre Seite zugreifen können, ohne sich bei Facebook registrieren zu müssen. Regelmäßige Facebook-NutzerInnen können die Seite „abonnieren" und verpassen keinen neuen Eintrag von Ihnen – praktisch bei aktuellen Terminen.

Musterseite: www.bit.ly/fb-feuerkäfer

„Da redet man Tag für Tag mit Kindergruppen und ist mit den Eltern dauernd im Austausch – und beim Elternabend fehlen einem plötzlich die Worte!“

TIPP 12: Überzeugende Präsentationen für den Elternabend erstellen

Erzieherinnen und Erzieher sind es gewohnt, etwas „aus dem Ärmel zu schütteln“, und sie sind auch oft wirklich gut darin. Durch ständigen Kontakt mit vielen Menschen fällt es ihnen meist leicht, klare Worte zu finden und mit lauter Stimme zu sprechen. Jedoch bei längeren Vorträgen, etwa auf dem Elternabend oder bei einem Tag der offenen Tür, reicht das vielen nicht aus: Sie brauchen eine Struktur, an der sie sich „entlanghangeln“ können.

Präsentationen mit kurzen Texten und Bildern oder Filmen helfen nicht nur, den Vortrag in der richtigen Reihenfolge zu halten und keine wichtigen Informationen zu vergessen, sondern können auch für die Zuschauer kurzweiliger und verständlicher sein. Nutzen Sie zum Herstellen von Präsentationen einfache, kostenlose Apps oder Web-Tools!

Präsentations-Programm auswählen

Bei der Auswahl des Präsentations-Programms haben Sie die Qual der Wahl – ohne Reue. Ihnen stehen sowohl gute Apps als auch online nutzbare Programme zur Verfügung, die, was Aufbau und Bedienbarkeit angeht, keine nennenswerten Unterschiede haben. Wer mit Smartphone oder Tablet arbeiten möchte, liegt mit der „Powerpoint“-App (kostenlos von Microsoft für Android oder Apple), der „Keynote“-App von Apple oder auch der „Google Präsentationen“-App richtig.

Wer mit dem Computer online an der Präsentation arbeiten möchte, kommt mit der Seite von Google Präsentationen oder der Online-Version von Microsoft Powerpoint weit – dafür geben Sie die Suchwörter „Google Präsentationen“ oder „Powerpoint online“ in der Suchmaschine ein und klicken den obersten Eintrag an. Für beide Online-Versionen müssen Sie sich mit Ihrem Google- beziehungsweise Microsoft-Konto anmelden – beide sind kostenlos einzurichten.
Im Folgenden erfahren Sie, wie das Herstellen bei „Google Präsentationen“ funktioniert – aber die meisten Schritte sind auch auf andere Programme direkt übertragbar.

Mit der Präsentation beginnen

Nach Start des jeweiligen Programms sehen Sie eine Anfangsfolie, in der Sie nun Titel und Untertitel für Ihre Präsentation eintragen können – kinderleicht. Zuvor ist es aber sinnvoll, sich erst einmal das gewünschte Layout für Ihren Vortrag zu überlegen. Dafür können Sie entweder vorbereitete Layoutvorschläge nutzen oder ein eigenes Design festlegen. Bei „Google Präsentationen“ finden Sie dazu rechts das Menü „Designs“ für vorbereitete Layouts.

Wollen Sie diese nicht nutzen, finden Sie oberhalb der ersten „Folie“ – so nennt man die Seiten der Präsentation – verschiedene Reiter zum Einstellen individueller Farben oder Schriftarten. Unter „Hintergrund“ können Sie die Farbe verändern, unter „Layout“ den Aufbau der Seite, unter „Design“ gelangen Sie zu der Auflistung von vorbereiteten Designs zurück. Wenn Sie bei „Hintergrund“ die Farbe verändern, können Sie wahlweise den Button „Zum Design hinzufügen“ klicken – dann bekommen alle neuen Folien automatisch die gewünschte Farbe. Um die Schriftart und Schriftgröße zu verändern, klicken Sie die Schriftzeilen auf der Folie an, und nun erscheint das Menü zum Einstellen der Schriftart und Schriftgröße.

Weitere Folien hinzufügen

Gefällt Ihnen Ihre erste Folie? Um weitere Folien hinzuzufügen, gibt es zwei einfache Methoden: Entweder klicken Sie das Plus-Zeichen links oberhalb der Folie. Oder Sie klicken eine bereits vorhandene Folie, der die neue Folie ähnlich sein soll, auf der Aufreihung am linken Bildrand an, wählen mit der rechten Maus-Tauste oder Strg+C Kopieren aus, um die Folie durch „Einfügen“ (Strg +V) an die gewünschte Stelle in der Reihung einzusetzen. Nachträglich den Text zu verändern, das Layout anzupassen oder Bilder hinzuzufügen geht schließlich immer.

Bilder einfügen und Textfelder einpassen

Ein reiner Text-Vortrag langweilt die Zuschauer. Um Bilder einzufügen, klicken Sie in der Icon-Liste oberhalb der Folie das Symbol mit der Gebirgskulisse, um damit das Menü zum Einfügen von Bildern zu öffnen. Wenn Sie jetzt ein Bild auf Ihrem Gerätespeicher ausgewählt haben, wird es natürlich erst einmal mitten auf der Folie platziert, vermutlich quer über das Textfeld. Aber das Bild lässt sich leicht in Größe und Lage verändern, indem Sie es anklicken, geklickt halten und verschieben – oder an den blauen Randstreifen klicken und durch Zerren in der Größe verändern. Auch die Schrift-Zeilen lassen sich auf gleiche Weise „anfassen“, um in der Form verändert und gruppiert zu werden.

Sie möchten in den Vortrag ein kleines Video einbauen, um etwa eine mitgeschnittene Szene aus dem Kita-Alltag zu zeigen? Auch das ist möglich, indem Sie im oberen Menü unter „Einfügen“, wo sich eine Vielzahl von Effekten verbirgt, „Video“ auswählen. Hierfür müssen Sie allerdings vorher entweder ein Video bei YouTube hochgeladen haben (siehe S. 44) oder eines auf „GoogleDrive“ hochladen, was genauso funktioniert wie im Tool „Dropbox“ beschrieben (siehe S. 38).

Über den Inhalt der Präsentation nachdenken

Obwohl Sie mit den eben vorgestellten Schritten nur einen kleinen Teil der möglichen Einstellungen des Programms ausgeschöpft haben, ist bereits eine technisch vorzeigbare und bestimmt schön anzusehende Präsentation entstanden. Mindestens genauso wichtig ist es aber, über den einzugebenden Text und die Häufigkeit von Bildern nachzudenken. Hierzu können Sie sich an den folgenden Empfehlungen orientieren:

Ein Satz oder mehrere Schlagworte pro Folie: Ihre Präsentationsbesucher sollen Ihnen zuhören, statt nur zu lesen. Verwenden Sie nur so viele Worte auf der Folie, dass es damit spannend wird, Ihnen zuzuhören. Das könnte ein interessantes kurzes Zitat sein, ein paar knappe Anstriche – oder eine die Sicht der Zuhörer betreffende Frage: „Was bedeutet Inklusion denn genau?“

Bilder, die nachdenklich machen oder belustigen: Bloße Illustrationen bewegen Ihre Zuschauer nicht besonders. Wenn Sie Bilder verwenden – was ja immer eine gute Unterbrechung zwischen all den Worten ist – dürfen es durchaus niedliche, lustige Schnappschüsse oder passende Karikaturen sein, vielleicht auch abschreckende Beispiele – etwa, wenn Sie beim Vortrag über die freiwillige Mittagsruhe das Bild eines alten Schlafsaals zeigen. Nutzen Sie Bilder, die „mehr als Worte sagen“.

Die Anzahl der Folien begrenzen: Nach etwa 20 bis 30 Folien sinkt die Aufmerksamkeitsschwelle deutlich ab, wissen Präsentations-Profis. Vermeiden Sie zu viele Folien, schon mit etwa 10 Folien lässt sich fast jedes Thema ansprechend darstellen. Beschränken Sie auf jeden Fall auch die darauf enthaltene Textmenge. Mehr als den Inhalt von zwei locker beschriebenen Din-A-4-Seiten sollte keine Präsentation haben.

Eigene Notizen hinterlassen: Das Programm erlaubt es dem Redner, sich einen „Spickzettel“ anzulegen. Hierfür gibt es unter dem Folienfeld Raum, der mit „Klicken, um Vortragsnotizen hinzuzufügen“ überschrieben ist. Was Sie hier notieren, ist beim späteren Vortrag zwar auf Ihrem Computer oder Tablet zu lesen, nicht jedoch in der Präsentationsansicht für die Zuschauer.

Überprüfen und präsentieren: Rechts oben am Rand befindet sich der Befehl „Präsentieren“, mit dem Sie das Aussehen des Vortrags für Ihre Zuschauer überprüfen können. Schließen Sie einen Beamer an, sollte automatisch für die Zuschauer die reine Präsentation zu sehen sein, während Sie das Feld mit den Notizen und die Übersicht über die kommenden Folien sehen können. Notfalls gibt es unter dem Menüreiter „Ansicht“ individuelle Möglichkeiten, die Notizen aus- oder einzublenden.

„Schräg geklebte Fotos, Filzstift und Tonpapier – unsere Doku-Poster gewinnen garantiert keinen Design-Award. Welche Apps gibt es hierfür, die man auch als Nicht-Designprofi versteht?“

TIPP 13: Mit Pic Collage Doku-Poster gestalten

In vielen Kindereinrichtungen haben bereits professionell layoutete Tagesrückblicke oder Poster die selbstgeklebten, mit Wachskreide beschrifteten Dokumentationen abgelöst. Das kann man schade finden, weil Handarbeit oft einen persönlichen Charme versprüht, aber man kann darin auch eine Emanzipation des ErzieherInnenberufs darin sehen, der die Ergebnisse seiner Arbeit genauso professionell darstellt wie jedes andere Berufsfeld: Weil unsere Pädagogik durchdacht und innovativ ist, stellen wir sie auch mit einem entsprechenden Design vor.

Man kann aber auch ein ganz simples Argument anführen, das für am Computer hergestellte Poster spricht: Es geht einfach viel schneller und spart Arbeitsschritte, sogar Papier. Für ein mit Fotos beklebtes Tonpapier muss man Fotos ausdrucken oder sogar ausdrucken lassen, Beschriftungen formulieren, sauber abschreiben und alles aufkleben. Wenn es „nicht aussieht“, empfiehlt sich, noch einmal von vorne anzufangen. Bei Doku-Postern aus dem Computer, Smartphone oder Tablet wandern Bilder nur vom internen Speicher auf das Blatt, der Text kann in Ruhe formatiert und korrigiert werden, bis Sie den Befehl zum Drucken geben. Und wenn jemand das möchte, kann er die Dokumentation auch gemailt bekommen oder in einem virtuellen Ordner abrufen.

Hervorragend geeignet für das Herstellen von Dokumentationen in verschiedenen Formaten sind einfache Layout-Apps wie „Pic Collage – Photo editor" von Cardinal Blue. Die App gibt es für fast alle Betriebssysteme, sie läuft also nicht nur auf Apple- und Android-Tablets und Smartphones, sondern auch als App für Windows 10-Computer. Die App können Sie kostenlos in den jeweiligen App-Stores herunterladen, sie finanziert sich durch – zum Glück unaufdringliche – Werbung. Sie dient eigentlich zur Herstellung von Collagen oder Grußkarten, eignet sich aber durch eine einfache Bedienbarkeit besonders gut zum Erstellen von Dokumentationen mit kurzen, erklärenden Texten.
Ein Beispiel für ein Doku-Poster mit Pic Collage finden Sie im Anhang auf S. 79.

Mit Pic Collage anfangen

Wenn Sie die App öffnen, werden Ihnen drei Möglichkeiten zur Erstellung von Collagen angeboten: „Layout" (oder am PC „Fotos") heißt die erste, die zweite entweder „Karten" oder „Schablone", die dritte „Freiform". Für Ihre Zwecke ist die erste Option Layout/Fotos geeignet.

Wenn Sie den Button anklicken, werden Sie sofort aufgefordert, eines oder mehrere Fotos aus dem Speicher des Gerätes auszuwählen. Klicken Sie eines an und bestätigen Sie die Auswahl mit dem Haken oder dem Windows-Befehl „Öffnen". Nun sehen Sie erst einmal ein Blatt mit einem Foto darauf. Um mehrere Bilder in schön geordneter Form auf das Blatt zu bekommen, finden Sie am unteren Rand ein Auswahl-Menü mit verschiedenen Layout-Einteilungen, also zum Beispiel ein horizontal oder vertikal dreifach geteiltes Blatt, um darauf drei Fotos oder zwei Fotos sowie einmal Text anzubringen. Wählen Sie das aus, wird Ihr erstes Foto in einen der Rahmen sortiert, und durch Anklicken der anderen Rahmens können Sie entweder weitere Fotos oder Text hinzufügen sowie – für unsere Zwecke ungeeignete – Sticker.

Layout anpassen

Das vorgegebene Layout, bestehend aus der Einteilung, einer bestimmten Rahmendicke und der Hintergrundfarbe gefällt Ihnen nicht? Verändern können Sie dieses, indem Sie links unten das Symbol „Layout" anklicken. Jetzt erscheint entweder das Menü, um verschiedene Einteilungen auszuwählen, oder das – ansonsten durch erneutes Anklicken des Layout-Symbols erreichbare – Menü zur Auswahl der Hintergrundfarbe. Der im Layout-Menü auftauchende Schieberegler dient dazu, den Rahmen um die Bilder zu vergrößern.

Fotos platzieren und bearbeiten

Wahrscheinlich gefällt Ihnen nicht sofort, wie das Programm das Bild in den Rahmen gesetzt hat, denn es weiß ja nicht, auf welchen Ausschnitt es Ihnen ankommt. Zum Glück lässt sich das Bild mit Finger oder Maus berühren und damit verschieben. Beim Berühren wird zudem in der unteren rechten Ecke ein runder Pfeil sichtbar, der dazu dient, Bilder zu drehen, wenn sie in der falschen Richtung eingebaut wurden oder – wie auf den handgemachten Doku-Postern beliebt – leicht schräg platziert werden sollen.

Klickt man das Bild doppelt an – oder am PC mit der rechten Maustaste – erleben Sie zwei Effekte: Einmal passt sich das Bild automatisch in den gewählten Rahmen ein. Zweitens – oder bei wiederholtem Doppelkicken – öffnet sich ein Auswahlmenü mit vielen Icons, um damit das Bild zu kürzen, einzelne Teile mithilfe einer „Schere" auszuschneiden, die Farbwirkung zu verändern oder es unter andere Bilder zu stapeln.

Texte hinzufügen

Durch Klicken in einen der leeren Bereiche der Collage öffnet sich ein Menü, in dem unter anderem das Icon „Text" oder „Text hinzufügen" zu finden ist. Klicken Sie es an, können Sie Text in ein Eingabefeld tippen und vorab oder durch nachträgliches Anklicken des Geschriebenen die Schrifttype ändern.

Ihr Text wird nicht direkt an einem der Rahmen ausgerichtet, weil Sie ihn ja auch über das Bild laufen lassen könnten. Um die Größe des Textblocks zu verändern, klicken Sie ihn an, bis am PC der gedrehte Pfeil auftaucht, am Tablet hingegen ein gerader Doppelpfeil, und ziehen Sie dann den Text in die gewünschte Größe zurecht. Ist Ihnen der Textblock zu lang, geben Sie auf herkömmliche Weise Absätze ein. Im durch Anklicken des Textes erreichbaren Editier-Menü können Sie übrigens auch die Hintergrundfarbe des Textblocks verändern und zwischen links-, rechtsbündig und Blocksatz auswählen.

Über sinnvolle Beschriftung nachdenken

Es bietet sich auf jeden Fall an, die Möglichkeit zur Auswahl unterschiedlicher Schrifttypen zu nutzen – und vielleicht die Überschrift für Ihr Poster in einer etwas markanteren Schrift zu gestalten. Bildunterschriften und einen erklärenden Textblock formatieren Sie besser in einer „seriöseren" Type wie Helvetica, Baskerville oder Andala Mono. Wer längere Texte eingeben möchte oder Aufzählungszeichen und Anstriche benötigt, kann auch Texte mit dem Schreibprogramm vorschreiben, kopieren und in „Pic Collage" einfügen.

Beenden

Um Ihre Collage zu speichern, klicken Sie am Tablet oder Smartphone „Fertig“ an, am Computer den Haken unten rechts. Sie können nun entweder das Bild direkt drucken oder speichern. Weil „Pic Collage“ kostenfrei ist, wird normalerweise das Logo der App unten am Rand darauf gedruckt – dieses können Sie durch Wahl der Funktion „Wasserzeichen entfernen“ verhindern, wodurch eine entsprechende Zusatz-App für etwa 2 Euro installiert wird. Oder Sie speichern das Bild mit einem anderen Grafik-Programm und können diesen Teil des Bildes abschneiden.

„›Haben Sie Fragen, Wünsche und Anregungen‹, frage ich oft beim Elternabend – aber da kommt wenig. Und die Fragen bei der offiziellen Kita-Evaluation einmal jährlich gehen aus meiner Sicht an meiner Arbeit vorbei …“

TOOL: Mit Google Formulare die Elternmeinung erfahren

„Sind Sie zufrieden mit unserer Projektarbeit?“ oder „Wären Sie dafür, den Essensanbieter zu wechseln?“ – Es gibt viele Fragen, von denen ErzieherInnen gerne die Elternsicht kennen würden. Verblüffend leicht macht es das Online-Tool „Google Formulare“, solche Fragen in einer kleineren oder größeren Kita-Umfrage zu versammeln, die per Klick ausgefüllt werden kann und automatisch ausgewertet wird.

Wie kann ich mir das praktisch vorstellen?

„Google Formulare“ können Sie sich wie ein Bausteinsystem vorstellen, dessen Bausteine verschiedene typische Bestandteile von Umfrage-Formularen sind – zum Beispiel „Ja/Nein“-Antworten, „Multiple Choice-Fragen“ und offene Felder zum Eintragen. Aus den Bausteinen können sich die Nutzer passend zu den eigenen Fragen eine Umfrage zusammenbauen, die dann im Netz bereitliegt und von eingeladenen Benutzern ausgefüllt werden kann.

Wozu das Programm erdacht wurde, wird bei der Auswertung deutlich: Nach Abschluss der Umfrage müssen die Eintragungen der Teilnehmer nicht mehr in irgendwelche Tabellen übertragen werden, denn das Tool fertigt ganz automatisch Auswertungen an. Aus jeder Befragung entsteht am Ende ein strukturierter Bericht, in dem der Fragesteller umfassend Einsicht in die Ergebnisse erhält.

Wie steige ich ein?

Anmelden

Geben Sie „Google Formulare“ im Suchfeld ein. Klicken Sie auf den entsprechenden ersten Treffer, und klicken Sie dann auf der damit erreichten Google-Überblicksseite den Button „Zu Google Formulare wechseln“ an.

Sie werden nun aufgefordert, sich mit Ihrem Google-Account anzumelden oder einen solchen zu erstellen – ohne diesen würde das Tool nicht funktionieren. Nach der Anmeldung sehen Sie die Startseite. Hier klicken Sie das „+“ unter „Neues Formular anlegen“ an, um Ihre erste Umfrage zu erstellen.

Die Umfrage einleiten

In einem Kasten lesen Sie nun „Unbenanntes Formular“, „Formularbeschreibung“ und „Unbenannte Frage“ sowie „Option 1“. Jede dieser Zeilen lässt sich anklicken, um daraus den Anfang einer passenden Umfrage herzustellen: Anstelle von „Unbenanntes Formular“ schreiben Sie Ihre Überschrift, z. B. „Umfrage zur Elternzufriedenheit“ oder „Wie zufrieden sind Sie mit unserem Essensanbieter?“

Der Punkt „Formularbeschreibung“ sollte Ihr Anschreiben für die Umfrage enthalten, könnte also beipielsweise folgendermaßen lauten: „Liebe Eltern, einmal im Jahr möchten wir erfahren, wie zufrieden Sie mit unserer Arbeit im Kindergarten sind. Bitte nehmen Sie sich etwas Zeit für die Beantwortung der folgenden Fragen. Vielen Dank, Ihre …“.

Fragen eingeben

Unter „Unbenannte Frage“ können Sie die erste Frage eingeben. Wenn Sie hier mit dem Tippen beginnen, öffnet sich ein Fenster mit Auswahlmöglichkeiten. Im Menü auf der rechten Seite des Kastens können Sie auswählen, welche Art Antwortmöglichkeit auf ihre Frage sie vorgeben möchten. So können Sie zwischen „Multiple Choice“, „Kästchen“ und „Dropdown“ wählen – also unterschiedlichen Optionen zum Ankreuzen. Oder Sie können durch Auswahl von „Kurzantwort“ oder „Absatz“ den Befragten einladen, einen kürzeren oder längeren Antwort-Text zu verfassen.

Gut geeignet für Zufriedenheitsbefragungen ist „Lineare Skala“, wodurch das Antworten auf einer Skala von 1 bis 6 zu einem von Ihnen vorgegebenen Wert möglich ist. Was die Zahlen bedeuten, legen Sie fest, etwa „1 = hochzufrieden, 6 = sehr unzufrieden“ oder „1 = zu wenig, 3 = genau richtig, 6 = zu viel“. Interessant ist die Möglichkeit, rechts unten einzugeben, ob die Frage beantwortet werden muss oder nicht – durch Aktivieren des Schiebers „Pflichtfrage“.

Zufrieden mit der ersten Frage? Durch Klicken auf das Plus-Zeichen an der rechten Seite öffnet sich das Bearbeitungsfeld für die nächste Frage. Auf diese Weise können Sie Stück für Stück Ihre Umfrage gestalten. Unter dem Plus-Zeichen zum Hinzufügen neuer Fragen gibt es noch weitere Symbole, etwa das Buchstaben-Symbol – dieses bietet sich an, zum Abschluss Ihrer Befragung einen Danke-Text hinzuzufügen. Und mit dem „Bild hinzufügen"-Icon können Sie dazu ein nettes Foto einbauen.

Die Umfrage beenden

Sieht Ihre Umfrage schon ansprechend aus? Ganz am oberen Rand gibt es Symbole, um dieses zu überprüfen oder zu verändern. Durch Klick auf das Paletten-Symbol können Sie das Farbdesign der Umfrageseite, auf die später Ihre Befragten gelangen, nach Ihren Wünschen gestalten. Das Augen-Icon zeigt Ihnen an, wie das Online-Formular konkret für Ihre Zielgruppe aussehen wird.

Zufrieden? Dann können Sie jetzt durch das Anklicken des Zahnrad-Symbols (drittes Icon am oberen Rand) wichtige inhaltliche Einstellungen vornehmen: Durch Aktivieren von „Mail-Adressen erfassen" ist Ihre Umfrage nicht mehr anonym, sondern personalisiert. Das hat den Vorteil, dass Sie mit den Absendern in Kontakt treten können, um offenbar gewordene Fragen und Probleme zu klären wählen Sie diese Option, sollten Sie das den Befragten aber gleich im Eingangstext mitteilen („Weil mir Ihre persönliche Sicht wichtig ist, habe ich die Umfrage nicht anonym gestaltet.").

Der Button „Anmeldung erforderlich: Maximal 1 Antwort" dient dazu, die Anzahl der ausgefüllten Formulare pro eingeladenem Teilnehmer zu limitieren. Das ist sinnvoll, wenn Sie doppelte Antworten ausschließen möchten, setzt aber voraus – wie sie beim Aktivieren des Buttons sehen – dass die Umfrageteilnehmer sich mit einem Google-Konto anmelden.

Die Option „Befragte dürfen Zusammenfassungsdiagramme und Textantworten ansehen" bietet sich nicht an, weil damit jeder Teilnehmer während der laufenden Umfrage den Stand mitverfolgen kann.

Die Umfrage versenden

Alles passend eingestellt? Klicken Sie auf Senden, um nun entweder die Umfrage per Email direkt über Ihr Google-Konto zu versenden oder einen Link zu erzeugen. Diesen können Sie ebenfalls in einer persönlich verfassten Mail mit Ihrer üblichen Kita-Adresse versenden. Oder Sie wandeln ihn zum QR-Code um (siehe S. 43) und hangen ihn aus. Beim direkten Mailen über „Formular senden" sollten Sie lieber nicht die Option „Formular in Email einbetten" zu wählen. Um zu erfahren, wie die Umfrage beim Benutzer aussieht, können Sie sich diese vorab einmal selbst senden.

Die Umfrage auswerten

Treffen die ersten Antworten ein, erkennen Sie das im Bearbeitungsmenü an dem Feld „Antworten" –neben dem bisher verwendeten „Fragen", wo nun die Zahl der Antworten vermerkt ist. Gleichzeitig erhalten Sie, wenn „Zusammenfassung" angeklickt ist, Diagramme zu jeder Fragestellung. Diese lassen sich durch Aktivieren eines Buttons an der rechten oberen Ecke des jeweiligen Diagramms herunterladen, um sie in andere Dokumente einbauen zu können – ob nun in die Powerpoint-Präsentation für den Elternabend oder in einen mit Word verfassten Qualitätsbericht.

Worauf muss ich aufpassen?

Achten Sie darauf, dass die Ergebnisse nicht manipuliert werden können: Wenn Sie die Anzahl der Antworten pro Mail nicht limitieren oder per QR-Code einladen, könnte theoretisch jeder mehrere Antworten abgeben, was zumindest bei Mehrheitsentscheidungen problematisch wäre. Falls Ihnen die anonyme Form trotzdem die richtige erscheint, sollten Sie die Anzahl der abgegebenen Stimmen mit den Teilnahmeberechtigten abgleichen.

Denken Sie an Eltern, die nicht online sind: Der Fragebogen lässt sich natürlich auch ausdrucken (der Drucken-Befehl befindet sich unter den drei Pünktchen in der oberen Leiste neben dem Senden-Button), um ihn Eltern oder Kollegen auf Wunsch als Papierversion auszuhändigen. Die Antworten dieser Eltern können Sie problemlos in Ihre Online-Befragung nachtragen, indem Sie diese wie ein eingeladener Benutzer über den Link aufrufen. Dadurch sind auch die Antworten der Offline-Nutzer in Ihren Diagrammen berücksichtigt.

GUT ZU WISSEN: Auf die Formulierung kommt es an!

Vermeiden Sie einseitige, suggestive Fragestellungen. Allzu positive Fragestellungen wirken auf die Befragten vielleicht selbstgefällig, während ein zu kritisches Nachfragen oder unrealistische Optionen möglicherweise unerfüllbare Erwartungen wecken. Gut ist es ohnehin, Befragungen immer in Absprache mit den Elternvertretern und der Leitung zu entwerfen. Versuchen Sie gerade bei kritischen Antworten möglichst viel Klarheit darüber zu gewinnen, worum es den Umfrageteilnehmern geht. Bei Punkten, wo es um Zufriedenheit geht, sollten Sie immer auch einen Kasten zum Kommentieren einbauen, den Sie z. B. wie folgt überschreiben: „Wenn Sie nicht zufrieden mit … sind: Was können wir besser machen?". Ohne solche Konkretisierungen tappen Sie nach der Befragung erst recht im Nebel.

Weiterdenk-Ideen

Quizspiele

Stellen Sie für die Eltern ein Online- oder auch Offline-Willkommens-Quiz her: „Wie gut kennen Sie schon unsere Einrichtung?", bei dem Sie beispielsweise Fragen zu Besonderheiten in Ihrem Raumkonzept stellen können: „In welchem Raum befindet sich das Pikler-Dreieck?" oder auch „Warum sind auf den Küchenschränken Fotos vom Geschirr? – Antwort A: Damit die Kinder selber decken können, Antwort B: Die Erzieher werden damit zur Ordnung angehalten ...". Auf diese Weise beschäftigen sich die Eltern spielerisch mit dem Konzept Ihrer Einrichtung und werden aufmerksam für Besonderheiten. Übrigens können Sie im Menü „Einstellungen" sogar dazu die Auswahl „Quizze" treffen, um einen Sieger nach Punkten zu küren.

Eine Quiz-Umfrage mit den Kindern erstellen

Dies bietet sich als Aktion mit älteren Kindern an, etwa nach einem Projekt. Das Schöne dabei ist, dass sich in das Quiz auch Bilder und Videos einbauen lassen. Sammeln Sie also mit den Kindern Bildmaterial, lassen Sie sich von ihnen die Fragen diktieren und versenden Sie am Ende das selbst erstellte Quiz an die Eltern: Wessen Vater oder Mutter weiß am meisten?

Eine Umfrage für die Kinder

Auch Kinder schätzen gerne ein, wie sie ihre Kita sehen. Sie könnten eine bildreiche Umfrage gestalten, in der Sie nach der Zufriedenheit mit einzelnen Räumen und Tagessituationen fragen – am besten mit leicht verständlichen Skalen. Den Kindern macht es sicher Freude, am Computer oder Tablet die eigene Sicht auf die Dinge darzustellen – natürlich begleitet durch Sie. Die Auswertung kann am Ende mit der Elternbefragung abgeglichen werden.

TOOL-STECKBRIEF

Adresse: https://docs.google.com/forms/

Alternativen: Ähnlich funktioniert das Tool „Survey Monkey" – ebenfalls gratis, aber eher passend für noch professionellere Befragungen.

Kosten: Keine.

Tutorial: www.herder.de/extras

Muster-Umfrage: siehe Anhang, S. 76.

Das Kapitel auf einen Blick

Öffentliche Institutionen wie Ihre Einrichtung sollten sich selbst darstellen. Nutzen Sie die Möglichkeiten von sozialen Netzwerken wie Facebook, um Eltern und Interessenten einen kurzen Einblick in die Grundzüge Ihrer Arbeit zu geben.

Ihre Einrichtung sollte auf professionelle Weise Feedback einholen. Um einen Einblick zu erhalten, wie die Eltern Ihre Arbeit einschätzen und wo sie Verbesserungen wünschen, bieten sich Umfragetools an.

Professionell dargestellt werden sollten auch pädagogische Überlegungen. Nutzen Sie Online-Präsentations-Programme, um spannende Vorträge über die Hintergründe Ihrer Arbeit oder zu Eltern interessierenden Fragen zu gestalten.

Gutes Design macht Ihre Dokumentation überzeugender und ansprechender. Nutzen Sie Apps, um mit guter Gestaltung den professionellen Charakter Ihrer pädagogischen Arbeit zu unterstreichen!

Kleine Helfer

// Weitere nützliche Apps, Webtools und digitale Geräte für Pädagoginnen //

Typisch digitale Medien: Laufend werden neue Apps entwickelt und weiterentwickelt – oder gleich neue Geräte. Manches, obwohl gar nicht dafür vorgesehen, lässt sich überraschend gut pädagogisch nutzen – zum Beispiel:

Dolmetschen mit Speak & Translate

Mit „Händen und Füßen verständigen" oder die Kinder dolmetschen lassen – das klappt in Gesprächen mit Eltern, die kein oder wenig Deutsch sprechen, nicht immer gut. Die für Apple und Android angebotene App „Speak and translate" bietet sich besonders für die kurze Info-Weitergabe in einer Ihnen unbekannten Sprache an: Sie müssen nur den Satz in Ihr Handy – das online sein muss – sprechen, kurz anhand der aufgezeichneten Schrift überprüfen, ob das Gerät alles verstanden hat, und es dann in der anderen Sprache abspielen. In vielen Sprachen klappt das perfekt, in manchen gibt es kleinere Fehler.

Natürlich ist die App auch für Projekte mit den Kindern interessant, etwa wenn es um die Herkunftssprache einzelner Kinder geht.

Brainstormen mit SimpleMind

Vielen Leuten fallen die besten Ideen ein, wenn sie unterwegs sind – und zur besten Idee gleich noch die allerbeste. Wer gut im Brainstormen ist, aber nicht immer Papier und Stift vorrätig hat, könnte schnell Fan von Apps wie „SimpleMind+" – erhältlich für Apple und Android – werden. Mit der App entstehen im Handumdrehen Mindmaps aus miteinander verbundenen Ideen-Blasen.

Die entstandenen Mindmaps lassen sich ausdrucken. Die App eignet sich damit auch, um das Prinzip einer guten Projektplanung im Kindergarten zu zeigen: Von einer Kinderfrage gelangen wir zum nächsten Thema.

Ausflüge planen mit Google Earth

„Wo müssen wir langgehen, wenn wir zum Spielzeugladen gehen?" Gerade für kleine Kinder ist es hochspannend, die vertrauten Wege einmal auf Karten oder Satellitenbildern erleben zu können. Google Earth macht dies möglich, zumal es für viele Städte nicht nur die Ansicht von oben gibt, sondern auch die „Street View" genannte Straßenansicht. Es macht Spaß, vertraute oder neue Wege vor und nach Ausflügen damit anzuschauen.

Besonders gut gelingt das, wenn Sie die Bilder dabei mit Hilfe eines Beamers in Leinwandgröße betrachten. Mit dem Menüpunkt „Route berechnen" können Sie Wege suchen lassen. Mit der Pinn-Nadel (befindet sich über der Kartenansicht) lassen sich auf dem Satellitenbild Markierungen einfügen – toll bei einem „Hier wohne ich"-Projekt.

Bilderbuchkino mit Beamer oder Dokumentenkamera zum Vorlesen

Gemeinsam ins Vorlesebuch zu blicken, klappt mit einer größeren Gruppe nicht so gut. Da lohnt es sich, Bilder an die Wand zu projizieren – wenn der Raum abgedunkelt ist, entsteht damit schnell eine spannende Kino-Atmosphäre. Als Medium hierfür eignet sich entweder eine sogenannte „Dokumentenkamera" (ein etwa 300 Euro teurer handlicher Nachfolger des „Overhead-Projektors"), oder Sie nutzen Beamer und Computer. Auf letzteren können Sie die Bilder ganz einfach übertragen: Mit einem Smartphone abfotografieren und in eine Dropbox hochladen (dann benötigt der Computer Internet-Zugang, damit Sie die Bilder aus der Dropbox aufrufen können), oder Sie spielen sie über die Kamerakarte ein.

Bilder aus Miniwelten zeigen mit Beamer und Webcam

Kinder bauen gerne die Welt verkleinert nach – etwa in Form von Pappstädten, Legowelten oder Ton-Landschaften. Und sie fragen sich, wie diese Welt wohl in Groß aussähe. Mit Laptop, Beamer und Webcam ist das möglich: Schließen Sie einfach eine billige Webcam (ca. 20 Euro) an einen Laptop an, platzieren Sie die Kamera in der Miniatur-Landschaft, projizieren Sie mit dem Beamer das aufgenommene Bild in Groß auf eine Wand. Jetzt entsteht von selbst die Illusion einer echten Welt, und wenn nun Kinder in ihrer Miniwelt Figuren bewegen, ist das auf der großen Leinwand spannend mitzuverfolgen. Gleichzeitig erfahren die Kinder auf spielerische Weise, wie „echt" Medienbilder sind.

Dinge zum Sprechen bringen mit digitalen Aufnahmeklammern

Inspirationsbilder kennt man mittlerweile in vielen Einrichtungen, um Kinder zu bestimmten Aktionen zu animieren. Die digitale Technik bietet inzwischen auch die Möglichkeit der „akustischen Inspiration“: Unter den Begriffen „Regenbogenfarbene Aufnahmeklammern“ oder „Besprechbare Klammern“ findet man im Internet Klammern (in Größe und Form Wäscheklammern ganz ähnlich), die man mit kurzen Audio-Aufnahmen besprechen kann.

Diese können Sie z. B. nutzen, um bei der Schatzsuche Informationen zu hinterlassen. In der Kindergalerie könnten durch sie die Stimmen der Kinder zu hören sein, die etwas zu ihren Kunstwerken erzählen. Oder sie lassen an verschiedensten Orten in der Kita (Spielecke, Aktions-Tisch, Atelier) Vorschläge hören, was man eben dort alles tun könnte.

Unkompliziert aufnehmen mit Easi-Speak

Das kitataugliche „Easi-Speak“ sieht aus wie ein strapazierfähiges und leicht zu bedienendes Mikrofon, kommt aber ohne Kabel aus, denn es enthält einen internen Speicher und kann aufgenommene Musik oder Texte auch direkt abspielen. Wie einen USB-Stick kann man es in den Computer stecken, um die Daten mit anderen Programmen weiter zu bearbeiten – oder das Gerät mit Strom zu versorgen. Ideal für Kinder-Reportagen und kleine Erklär-Videos!

Was ist was?

// Glossar: Web-Wörter in diesem Buch //

Woran liegt es, dass man um viele praktische Internet-Anwendungen bisher einen Bogen gemacht hat? Oft an diesem Gefühl, sich einfach nicht auszukennen. Der Scheu, nötige Fragen zu stellen, weil man sich dann irgendeinem Experten mit seiner ganzen Ahnungslosigkeit offenbaren würde. Nicht selten beginnt diese Scheu mit Wörtern – weil man zwar viele Internet-Fachbegriffe immer wieder hört, aber eigentlich keine Ahnung hat, was sie bedeuten.

In diesem Glossar finden sich die aktuell wichtigsten Web-Wörter, die in diesem Buch und/oder der öffentlichen Diskussion immer wieder vorkommen:

Account

Accounts werden Benutzerkonten oft genannt, mit denen sich Nutzer im Netz für eine bestimmte Anwendung legitimieren. Sich mit Benutzernamen und Kennwort zu legitimieren, ist immer dann wichtig, wenn man Daten auf einer Webseite eingibt, die man später wieder aufrufen will und die nicht für jedermann zugänglich sein sollen.

App

App ist die Kurzform von „Application" – zu Deutsch also „Anwendung". Mit dem Begriff bezeichnete man zunächst Programme, die für Smartphones oder Tablets entwickelt wurden – inzwischen wird der Begriff oft generell für kleinere Computerprogramme verwendet.

Blog

Blogs – entstanden aus der Abkürzung von „Weblog" – sind im Netz geführte „Logbücher", bei denen der Autor regelmäßig neue Beiträge verfasst und chronologisch ordnet. Inzwischen gibt es zu unterschiedliches Spezialthemen Blogs, z. B. Koch-Blogs mit Rezepten.

Browser

Browser heißt das Programm, mit dessen Hilfe man im Netz gespeicherte Dokumente anzeigen oder herunterladen kann. Bekannte Browser sind Microsoft Edge, Firefox, Google Chrome oder Safari.

Chat

Chat nennt man eine Unterhaltung, wenn sie im Netz oder über eine Messenger-App wie WhatsApp geführt wird, indem man sich gegenseitig schreibt.

Cloud

Clouds sind große Speicher – oder praktischer gesagt: Großcomputer, in denen Nutzer Daten speichern können, um im eigenen Rechner Speicherplatz zu sparen und von verschiedenen Geräten darauf zugreifen zu können. Bekannte und in diesem Buch vorkommende Cloud-Anbieter sind Dropbox, OneDrive, iCloud oder Google Drive.

Cookie

Cookies sind winzige Textdateien, die wir beim Besuch einer Webseite dort hinterlassen, damit die Webseite uns beim nächsten Besuch wiedererkennt. Das kann hilfreich sein, um persönliche Einstellungen wieder zu finden, dient aber natürlich auch der Nachverfolgung unseres Surf-Verhalten.

Emoticons

Emoticons waren zunächst einfache Zeichenfolgen aus normalen Satzzeichen, die einen Smiley nachbildeten – um damit schriftlich ausgedrückte Inhalte in Chats emotionaler zu machen. Inzwischen gibt es hunderte sozusagen vorfabrizierte Emoticons in Form von Bildern, sogenannte „Emojis" zu allen darstellbaren Gefühlslagen und Tätigkeiten.

Favoriten

In den meisten Browsern kann man seine Lieblings-Webseiten als „Favorit" kennzeichnen, speichern und ordnen. Einzelne Browser bezeichnen das gleiche als Lesezeichen.

Freeware

Freeware nennt man bisweilen kostenlos erhältliche Software oder Apps. Diese werden meistens nicht aus ehrenamtlichen Motiven hergestellt, sondern finanzieren sich über eingebaute Werbung, kostenpflichtige Premium-Optionen oder „In-App-Käufe", bei denen man einzelne Funktionen dazukaufen kann.

Follower

Follower nennt man Abonnenten eines sozialen Netzwerks, zum Beispiel bei YouTube oder Twitter. Ein Follower lässt sich automatisch informieren, wenn sein bevorzugter Nutzer neue Inhalte im Netzwerk eingestellt hat. Oft bemisst sich an der Anzahl von Followern, ob etwa ein YouTuber an den Werbeeinnahmen beteiligt wird – siehe auch *Influencer*.

Hashtag

Hashtag ist die Übersetzung für das Rautezeichen (#) und bedeutet wortwörtlich Doppelkreuz-Markierung. Im sozialen Netzwerk Twitter dienen Hashtags als Schlagwort-Kennzeichnung: Setzt man vor seinen Textbeitrag ein Rautezeichen plus ein Schlagwort, wird der Beitrag angezeigt, wenn jemand nach diesem Hashtag sucht.

Homepage

Homepage – zu Deutsch: Heimatseite – bezeichnet die Startseite einer Website, die aus vielen Unterseiten bestehen kann.

HTML

HTML ist die Abkürzung für die HyperText Markup Language – eine Programmiersprache, mit der lange Zeit alle Webseiten „geschrieben" wurden. Mit HTML wird tatsächlich in Buchstabenform beschrieben, was wo in welcher Form und Farbe auf einer Webseite auftauchen soll.

Influencer

Influencer nennt man Personen mit Einfluss im Netz – in der Regel YouTuber mit vielen Followern. Viele Influencer sind schon Kindern gut bekannt und werden quasi als virtuelle Freunde wahrgenommen – wie die wohl bekannteste YouTuberin „Bibi" mit ihrem „Beauty Palace". Leider verbergen sich hinter vielen dieser Netz-Stars Agenturen, die damit vor allem Kosmetik- und Lifestyleprodukte auf neue Art anwerben möchten.

Instagram

Instagram ist eine App, die zum Facebook-Konzern gehört. Mit ihr können Fotos und Videos bearbeitet und geteilt werden. Besonders beliebt sind Sticker und Filter, mit denen Bilder mit besonderen Effekten versehen werden können (vgl.auch *Snapchat*).

JPEG (JPG)

JPG bezeichnet das gängige Format für Bilddateien, egal ob von Digitalkamera/Smartphone erzeugt oder aus dem Netz gezogen.

Link

Links – oder auch Hyperlinks – sind Wörter, in denen quasi eine Adresse hinterlegt ist: Klickt man auf den Link, gelangt man zu einer bestimmten Webseite.

Login

Login – das Einloggen – bezeichnet das Anmelden auf einer Webseite. Weil es schwierig ist, für jede Seite mit Anmeldefunktion ein eigenes Passwort zu vergeben, lassen sich viele Seiten auch mit dem Google- oder Facebook-Kennwort erreichen. Oft ist diese Anmeldung unvermeidlich, wenn man nicht auf für jedermann zugänglichen Seiten Umfragen erstellen, Bilder ablegen oder mit anderen kommunizieren möchte.

Messenger

Messenger oder „Instant Message Service" ist die nur noch selten zu hörende Sammelbezeichnung für Nachrichtendienste wie WhatsApp oder Telegram. Typisch für Messenger ist, dass Text-, Bild oder Sprachnachrichten in Echtzeit versendet und gelesen werden können.

MP3

MP3 ist die Abkürzung für „MPEG-1 Audio Layer 3“ und bezeichnet ein Datei-Format zum Speichern von Musikstücken. Zusätzlich gibt es ähnliche Formate, zum Beispiel MP4.

Post

Postings – abgekürzt Post – nennt man Textbeiträge oder Filme, die in einem sozialen Netzwerk oder Blog geteilt werden.

Smartphone

Smartphones – zu Deutsch: „schlaues Telefon“ sind Handys, die neben Telefonie auch viele Funktionen eines kleinen Computers bieten. Üblich ist ein Display mit Touch-Screen-Funktion, das sich durch Berühren steuern lässt. Auch das beliebte „iPhone“ von Apple ist ein Smartphone.

Snapchat

Snapchat ist ein Messenger, der ähnlich wie Instagram zum Herstellen, Bearbeiten und Versenden von Bildern und Videos dient. Snapchat-Bilder haben eine Besonderheit: Sie werden in dieser App nach einem bestimmten Zeitraum automatisch gelöscht – wenn auch nicht vollkommen ohne Spuren.

Social Media

Social Media, zu Deutsch „Soziale Medien“, haben mit unserer Bedeutung von „sozial“ nicht automatisch zu tun. Der Begriff meint hier zunächst nur, dass diese Medien und Technologien der Kommunikation ihrer Nutzer dienen und gegebenenfalls eine Art Gruppenbildung dabei entsteht. Bekannte Soziale Medien sind Portale wie „Facebook“, aber auch das im Buch erwähnte „Pinterest“.

Tablet

Tablets – korrekter wäre wohl Tablet-Computer – sind kleine Computer mit Touch-Screen. Viele – aber nicht alle – darauf laufende Programme entsprechen den Apps auf Smartphones, weil sie grundsätzlich die gleichen Betriebssysteme verwenden, in der Regel das von Apple (iOS), von Google (Android) oder Microsoft (Windows).

Teilen

„Teilen“ meint in sozialen Netzwerken nicht das Aufteilen von Dingen, sondern eher das Weiterleiten von Dateien. Wenn ich jemandem ein Bild zeige oder einen Text vorlese, würde ich ihn im Sinne der Netz-Sprache (mit demjenigen)„teilen“.

Twitter

Twitter ist ein soziales Netzwerk im Internet, auf dem angemeldete Nutzer Textbeiträge mit einer begrenzten Zeichenzahl versenden können, sogenannte „Tweets". Vor allem Politiker und Marketing-Profis nutzen Twitter in Deutschland, während dieser Nachrichtendienst z. B. für PädagogInnen kaum eine Rolle spielt.

URL

URL – Abkürzung für Uniform Resource Locator – ist der Fachausdruck für eine Webadresse – also das, was man im Browser eintippt, um eine bestimmte Seite zu erreichen.

User

User – gesprochen ['juːzɐ] und zu Deutsch: Benutzer – sind alle Menschen, die in irgendeiner Weise einen Computer oder das Internet nutzen. Also fast jeder von uns.

WhatsApp

WhatsApp ist der aktuell bekannteste Nachrichten-Übermittlungsdienst und gehört seit einiger Zeit zum Facebook-Konzern. Er ermöglicht neben dem normalen Versenden von Textnachrichten sowohl klassisches – ausgehend von einem WLAN-Netz kostenloses – Telefonieren, dazu das Versenden von Bildern, Filmen und Sprachnachrichten. Beliebt sind die Möglichkeit, aus Teilnehmern Gruppen zu bilden und das tägliche Einstellen des „Status", mit dem vor allem Jüngere ihre aktuelle Befindlichkeit oder Tätigkeit für jedermann sichtbar machen.

WLAN

WLAN ist die Abkürzung für „Wireless Local Area Network". Es handelt sich im Grunde um eine Funktechnik, mit der Daten innerhalb kurzer Entfernungen gesendet werden können, um ohne Kabelanschluss ins Internet zu gelangen. Zusätzlich werden oft Geräte, die in einem begrenzten Umfeld (z. B. in der Kita oder in einem Haushalt) zusammen genutzt werden, per WLAN miteinander verbunden, sodass etwa Laptop und Smartphones kabellos Druckaufträge an den Drucker vor Ort senden können.

YouTube

YouTube ist ein Video-Portal im Besitz von Google. Hier kann jede(r) sich anmelden und selbst hergestellte Videos einstellen (also hochladen). Die Videos anderer Benutzer zu betrachten, geht auch ohne sich anzumelden. Möglich ist es auch, Videos mit begrenztem Zugriff einzustellen, sodass diese nur für eingeladene Benutzer sichtbar sind.

Anhang

Muster/Kopiervorlage 1

www.herder.de/extras

Einwilligung für das Fotografieren des Kindes und die Weitergabe von Bildern innerhalb der Elterngruppe

Liebe Eltern,
während unserer pädagogischen Arbeit fotografieren wir ab und zu die Kinder. Diese Bilder benötigen wir für die Entwicklungsdokumentation und für Poster, um Ihnen unsere Arbeit vorzustellen.

Erfahrungsgemäß wünschen sich viele Eltern, dass wir ihnen Bilder und Filme aus dem Alltagsleben unserer Einrichtung zur Verfügung stellen. Wir kommen gerne diesem Wunsch nach, müssen aber vorab das Einverständnis aller Eltern der abgebildeten Kinder einholen. Schließlich ist nicht nur Ihr Kind, sondern auch die anderen Kinder der Gruppe auf Bildern oder Filmen zu sehen.

Bitte teilen Sie uns auf diesem Brief mit, ob Sie mit einer Weitergabe der Bilder aus dem Kita-Alltag Ihres Kindes innerhalb der Elterngruppe einverstanden sind.

Vielen Dank,
Ihre/Ihr

Ich/Wir bin/sind einverstanden, dass Bilder und Filme, die mein/unser Kind im Kitaalltag zeigen, innerhalb der Elterngruppe zur Verfügung gestellt werden. Gleichzeitig versichere/versichern ich/wir, die Bilder nicht darüber hinaus in der Öffentlichkeit zu verbreiten.

....

Unterschrift der/des Erziehungsberechtigten Ort, Datum

Muster/Kopiervorlage 2

www.herder.de/extras

Einwilligung für die Verwendung von Fotos/Filmaufnahmen des Kindes für unsere Öffentlichkeitsarbeit

Liebe Eltern,
zur Tätigkeit unseres Kindergartens gehört auch ein wenig Öffentlichkeitsarbeit. Um unsere Arbeit nach außen zu zeigen, benötigen wir Bilder aus dem Kita-Alltag. Es wäre für uns eine große Unterstützung, wenn Sie einverstanden wären, dass wir Bilder mit Ihrem Kind für die Öffentlichkeitsarbeit verwenden dürfen – zum Beispiel für Zeitungsartikel, Internetseiten oder Broschüren. In jedem Fall werden wir Sie über das jeweilige Vorhaben konkret informieren und die ausgewählten Bilder und Filme zeigen.

Vielen Dank,
Ihre/Ihr

Ich/Wir sind einverstanden, dass Bilder und Filme, die mein/unser Kind im Kitaalltag zeigen, für die Öffentlichkeitsarbeit der Einrichtung verwendet werden. Ich/Wir stimmen der folgenden Verwendungsweise zu: Verwendung im Internet / Verwendung für Presseartikel / Verwendung in Broschüren. *(Bitte Nichtzutreffendes streichen)*

....

Unterschrift der/des Erziehungsberechtigten Ort, Datum

Kindergarten-Befragung

Liebe Eltern des Kindergartens „Feuerkäfer“,
damit wir unsere Arbeit gut machen können, brauchen wir ab und zu Ihr Feedback. Mit dieser Umfrage möchten wir Sie einladen, uns Ihre Sicht auf unsere Arbeit mitzuteilen. Wie auf dem Elternabend besprochen, ist es möglich, die Umfrage anonym auszufüllen. Wenn Sie das nicht möchten und / oder über einzelne Punkte mit uns sprechen möchten, können Sie Ihren Namen hinterlassen.
Wir sind gespannt, welche Anregungen oder Kritiken Sie haben.
Vielen Dank für Ihre Unterstützung,
Ihr Feuerkäfer-Team

Ihr Name (optional)

Meine Antwort

....

Wie alt ist Ihr Kind?

- ☐ unter 2
- ☐ zwischen 2 und 3
- ☐ zwischen 3 und 5
- ☐ über 5

Geht Ihr Kind gerne in die Kita?

- ☐ Ja, eigentlich jeden Tag
- ☐ Es gibt gute und schlechte Tage.
- ☐ Ich glaube, mein / unser Kind geht oft nur ungern in die Kita

Kommentar:

Meine Antwort

....

WEITER

Kindergarten-Befragung

Bildungsarbeit

Mit regelmäßigen Bildungsangeboten, aber auch durch die bewusste Gestaltung des Spiels möchten wir die Kinder entsprechend dem Bildungsplan unsere Landes fördern. Welche Bildungsangebote schätzen Sie und Ihr Kind besonders?

Wie beurteilen Sie unsere Bildungsangebote?

	++	+	+−	−	−−
Bewegung	☐	☐	☐	☐	☐
Atelier	☐	☐	☐	☐	☐
Experimentieren	☐	☐	☐	☐	☐
Musik	☐	☐	☐	☐	☐
Freies Spiel	☐	☐	☐	☐	☐

ZURÜCK WEITER

Kindergarten-Befragung

Räume und Materialien

In unseren Räumen wollen wir den Kindern eine schöne und anregende Umgebung geben, mit einer bewussten Auswahl an gutem Spielzeug. Wie gefällt Ihnen und Ihrem KInd unser Raum- und Materialangebot?

Gefällt Ihnen unser Raum- und Materialkonzept?

	++	+	+–	–	––
Gestaltung der Räume	☐	☐	☐	☐	☐
Menge an Spielzeug	☐	☐	☐	☐	☐
Auswahl an Spielzeugen	☐	☐	☐	☐	☐
Zustand der Räume	☐	☐	☐	☐	☐

Was könnten wir in den Räumen Ihrer Meinung nach ändern?

Meine Antwort

....

Welche Materialien könnten wir Ihrer Meinung nach noch gebrauchen?

Meine Antwort

....

ZURÜCK   WEITER

Beispiel Pic Collage – Poster

Heute haben wir mit selbstgemachter Puddingfarbe gemalt und gestempelt.
Dazu kochten wir Mehl,Wasser, Zucker und Salz miteinander auf und gaben Fingerfarbe hinzu.
Die entstandene Farbe fühlt sich herrlich cremig an. Die Kinder hatten große Freude, sie mit den Fingern zu untersuchen und aufzutragen.
Besonderen Spaß machte es, die bunte Masse mit Spachteln aufzutragen oder mit Rollen auf das Blatt zu walzen.

Impressum

www.herder.de

Umschlaggestaltung: Uwe Stohrer, Freiburg
Layout, Satz & Gestaltung: Sabine Ufer, Leipzig
Illustrationen: Ralph Musen, Balingen
Lektorat: Pia Haferkorn, Freiburg

Herstellung: Printvit Sp. z o.o. PL, Warszawa
Printed in Poland

ISBN 978-3-451-38262-8